Junge Kunst in Österreich *up*

MUSEUM MODERNER KUNST STIFTUNG LUDWIG WIEN

20er Haus
11. 6. bis 15. 9. 1996

Junge Kunst in Österreich

up

SIEGRUN APPELT

OLIVER CROY

CARLA DEGENHARDT/FRANZOBEL

THOMAS FEUERSTEIN

FOND

G.R.A.M.

EVA GRUBINGER

RICHARD HOECK

ANDREAS HOLZKNECHT

CHRISTIAN HUTZINGER

INSTINCT DOMAIN

THOMAS JOCHER

IRENE KAR

MICHAEL KIENZER

SYLVIA KRANAWETVOGL

SIGRID LANGREHR

HUGO MARKL

BELE MARX

MAJA VUKOJE

BARBARA WAGNER

HERWIG WEISER

RONDA ZHENG

Impressum

Ausstellungskonzept / Concept
Judith Fischer, Rainer Fuchs, Franz Niegelhell, Daniele Pabinger

Ausstellungsorganisation / Organisation
Rainer Fuchs, Christa Mittermayr

Öffentlichkeitsarbeit / Public Relations
Sophie Haaser

Marketing / Marketing
Robert Reitbauer, Euromarketing

Technik und Ausstellungsaufbau / Technical Assistance
Joerg Th. Burger, Kurt Terdina, Horst Wanhal und Team

Ausstellungskatalog / Catalogue

Redaktion / Edited by
Rainer Fuchs, Sophie Haaser, Christa Mittermayr

Übersetzungen / Translated by
Elisabeth Frank-Großebner (S. 32/33), Michael Hastik (S. 7-15, 17-23, 25, 26, 77-95), Alexander Žigo (S. 37-59, 61-75)

Fotos / Photos by
Letizia Battaglia, Joerg Th. Burger, Oliver Croy, FOND, Brigitte Häufler, Gert Heide, Christian Hutzinger, Irene Kar, Sylvia Kranawetvogl, Niki Lackner, Sigrid Langrehr, Fosco Maraini, Bele Marx, Ugo Mulas, Armando Rotoletti, Susi Stadler, Violet Suk & Martin Koch, Votava, Barbara Wagner, Franco Zecchin, Ronda Zheng, Michael Zinganel

Gestaltung und Herstellung / Design and Production
Büro Dempf & Turek

Druck / Printed by
REMA*print*

ISBN 3-901310-51-7

Dieser Katalog erscheint im Vertrieb des Triton Verlages

Unser besonderer Dank gilt den Künstlern und Leihgebern / Our special thanks are due to the artists and to the lenders
Prof. DDr. Eduard Lechner, Wien
Mag. Elisabeth Sandig, Wien
Dipl.-Ing. Wilhelm Sedlak, Wien
Portfolio Kunst AG, München und Wien

Projektförderungen / Projects supported by
Bundesministerium für Wissenschaft, Verkehr und Kunst;
Externa (Instinct Domain)
Forbo, Janser (Michael Kienzer)
Kodak, Foto Fayer (Bele Marx)
Zumtobel Leuchten (Thomas Feuerstein)
Foto Kessler (Barbara Wagner)
Studio Krauss, Land Vorarlberg (Siegrun Appelt)

Das Projekt von Herwig Weiser wurde an der Kunsthochschule für Medien Köln realisiert.
Besonderer Dank gilt: Georg Fleischmann, Jürgen Klauke, Siegfried Zielinski, Heiko Diekmeier, Detlev Frenken, Klaus Genske, Winfried Haushalter, Peter Kiefer, Elmar Mauch, Gerhard Plaßmann, Oliver Schwabe, BUG Weiser, Z, Anselm Goertz (Institut für technische Akustik, RWTH Aachen)

Das Museum moderner Kunst Stiftung Ludwig Wien dankt
Böck und Partner, Dr. Rudolf Egermann, Johann Gabauer, Dipl.-Ing. Walter Holzer, Mag. Dr. Ludwig Haberl, Druckerei Riegelnik, Ing. Werner Welser, Dr. Elisabeth Wolff, Gesellschaft der Freunde der bildenden Künste.

Inhalt / Content

Lóránd Hegyi

Vorwort
Die Kooperation als Herausforderung für das Museum

Als sich das Museum moderner Kunst Stiftung Ludwig Wien entschlossen hat, an den verschiedenen kulturellen Programmen und Veranstaltungen zu den österreichischen Millenniumsfeierlichkeiten teilzunehmen, war von Anfang an klar, daß der Beitrag keinesfalls eine rückblickende, in die Vergangenheit gerichtete, irgendeine nostalgisch historisierende Geschichtsbetrachtung beschwörende, sondern eine die zeitgenössische Situation der jungen österreichischen Künstler ins Zentrum stellende Aktivität sein sollte. Das Museum versucht, mit der Ausstellung «Coming Up – Junge Kunst in Österreich» sein Engagement für eine junge Künstlergeneration, welche heute in diesem Land, in einer ständig und dynamisch wechselnden Konstellation lebt und arbeitet, zu manifestieren. Diese junge Generation hat dramatische, oft überraschende und widersprüchliche Veränderungen und politische, kulturgeschichtliche, soziologische Prozesse miterlebt und zum Teil auch mitgestaltet. Alle an der Ausstellung teilnehmenden Künstler haben ihre künstlerische Tätigkeit in einer politischen und gesellschaftlichen Situation entfaltet, welche sich aus den dramatischen, historisch weitreichenden politischen Veränderungen der späten achtziger Jahre in Mittel- und Osteuropa ergeben hat. Selbst der Status Österreichs hat sich im Zuge dieser Prozesse neu definiert. Seit 1. Jänner 1995 ist Österreich Mitglied der Europäischen Union, die in einer völlig neuen politischen und ökonomischen Lage den Prozeß der europäischen Vereinigung zu vollziehen versucht. Die ehemaligen Nachbarländer Österreichs haben ihre politische und wirtschaftliche Struktur zum Teil grundlegend verändert, Staaten wie Jugoslawien oder die Tschechoslowakei existieren nicht mehr, Kriege in der unmittelbaren Nachbarschaft Österreichs haben die Illusion der ruhigen, sicheren Eigenposition zumindest in Frage gestellt. Die Herausforderungen der ökonomischen Struktur der Europäischen Union haben ebenfalls die gewohnte Stabilität und das bequeme Sicherheitsgefühl erschüttert. Die junge Künstlergeneration zeigt die Spuren einer wachsenden Skepsis gegenüber dem traditionellen Selbstbild Österreichs als ein mit anderen Ländern nicht vergleichbares Modell, welches von den großen, globalen gesellschaftlichen und politischen Veränderungsprozessen im Prinzip nicht wesentlich berührt wird. So betrachtet die junge Künstlergeneration in Österreich ihre spezifische Position wesentlich anders als die verschiedenen Vorgängergenerationen. Das Spektrum der künstlerischen Aktivitäten ist medial ebenso wie geopolitisch viel breiter geworden. Der unaufhaltbare Globalismus der künstlerischen Kommunikation geht parallel mit einer feinen, sensiblen, intellektuell durchdachten

Lóránd Hegyi

Preface
Cooperation as a Challenge for the Museum

When the Museum of Modern Art Foundation Ludwig Vienna decided to participate in the various cultural agenda and events occasioned by Austria's millenary celebrations, there was never any doubt that its related activities would have to focus on the contemporary situation of young Austrian artists, rather than trying to evoke some basically retrospective, even nostalgic, historical perspective. The exhibition «Coming Up – Young Art in Austria» is intended to demonstrate the scope of this museum's commitment to the generation of young artists who live and work in this country today, in a position which is subject to constant and dynamic change. The present generation of artists has experienced and – to a certain degree – influenced a series of dramatic, frequently unexpected, and contradictory changes as well as being exposed to current political, cultural, and sociological trends. All of the artists taking part in this exhibition have developed the range of their artistic activities in the political and societal climate that resulted from the dramatic, and historically momentous, political upheaval which took place in Central and Eastern Europe in the late 80ies. In the course of such far-reaching changes, even the status of Austria itself has become subject to redefinition. As of the 1st of January 1995, Austria has been a member of the European Union which continues to work towards the realization of European unity under radically different political and economic conditions. Austria's neighbours, too, have undergone fundamental changes in their political and economic structure – some, like Czechoslovakia or Yugoslavia no longer exist – and the wars in its immediate vicinity have at least started to call into question the fantasy of Austria's uniquely safe and tranquil situation. In addition, the challenge represented by the economic requirements of the European Union itself has also served to disrupt the prevailing comfortable feeling of security and accustomed stability. Among the present generation of young artists one can distinguish a growing scepticism in regard to Austria's traditional self-concept as a unique model which does not lend itself to comparison with other countries, and which, in principle, remains unaffected by the global process of societal and political change. The way these young Austrian artists view their own, particular position differs significantly from that displayed by their various predecessors. The spectrum of artistic activity has become far wider, both in respect to the media employed as well as in a geopolitical sense. This inexorable globalism of artistic communication is accompanied by a sensitive, intellectually rarefied contextualisation determined by local, actual, social, political, and cerebral structures.

Kontextbezogenheit, welche von den lokalen, realen gesellschaftlichen, politischen, mentalen Strukturen determiniert ist. Der Künstler bewegt sich im transnationalen Raum und realisiert seine künstlerischen Interventionen auf verschiedenen Kontinenten, in verschiedenen gesellschaftlichen, ökonomischen, politischen und kulturellen Kontexten.

Während sich die Kunst der fünfziger und sechziger Jahre sehr stark in universalistischen, abstrakten, nicht von den konkret-historischen Bedingungen geprägten Modellen bewegte, während die Kunst der siebziger und achtziger Jahre die Kulturgeschichte, die regionale Identität und nomadistische Haltung des Künstlers und sein Rollenspiel vor den historischen Kulissen ins Zentrum gestellt und dadurch die kulturgeschichtliche Einbettung betont hat, sieht der Künstler der neunziger Jahre seinen Aktionsraum gleichzeitig viel skeptischer und viel realistischer. Das Pathos des Universalismus ist endgültig vorbei, die sensible Empfindsamkeit der kulturgeschichtlichen Metapher als Personifizierung gewisser kultureller Rollen scheint nicht mehr vorhanden zu sein. Im Zentrum der Kunstbetrachtung der neunziger Jahre stehen die kritische Auseinandersetzung mit der Frage der Macht, der Manipulation, der Beeinflussung, aber auch der Medialisierung der künstlerischen Aktivität und die kritische Analyse der kulturellen Institutionen. Wie souverän und unverbindlich der Künstler zwischen Metropolen und Kontinenten, zwischen «High Culture» und «Low Culture» pendelt, zeigen die Arbeiten vieler junger Künstler, die nicht nur eine souveräne Verbindung zwischen unterschiedlichen Medien und Ausdrucksformen darstellen, sondern auch eine Auseinandersetzung mit der realen und virtuellen Wirklichkeit des gesellschaftlichen Lebens, mit den soziologischen Aspekten der künstlerischen Tätigkeit, mit der Problematik von Werbung, Beeinflussung und mit der Macht der Information thematisieren. Interessanterweise ist die Institutionalisierung der Kunst ein Zentralthema geworden, aber nicht in einer naiv-anarchistischen, die Elemente der direkten Demokratie verabsolutierenden Form, sondern in aller Komplexität und Widersprüchlichkeit, wobei die kritische und manchmal skeptische Haltung gegenüber den Institutionen, die Nutzung und der subversive Gebrauch der institutionellen Rahmen bewußt als Bedingung für die Entstehung der Kunst reflektiert wird.

So arbeiten jünge Künstler in den Museen, Galerien, öffentlichen und privaten Ausstellungsinstitutionen gleichzeitig als Benützer und Gegner dieses Systems. Die institutionellen Rahmenbedingungen ermöglichen und beschränken zugleich ihren Auftritt, ihre Aktivität. Der intensive Gebrauch aller Ebenen des Kommunikationssystems involviert gleichzeitig das Medial-Spektakuläre und das Subversiv-Kritische. Der Künstler muß professionell und schlau sein, um seine bewußte Antiprofessionalität wirksam demonstrieren zu können. Paradoxerweise stärkt jene professionelle Werbewirksamkeit das System und attackiert es doch gleichzeitig. Der Angriff auf das Kommunikationssystem als Manipulation kann nur dann wirksam werden, wenn der Künstler gleichzeitig professionell in diesem System verankert ist. Dies ist kein

Today, the artist operates in a transnational environment, carrying out his artistic interventions on different continents and embedding them in a wide range of social, economic, political, and cultural contexts.

Whereas the art of the 50ies and 60ies primarily operated with abstract, universal principles unconstrained by actual historical conditions, and whereas the art of the 70ies and 80ies tended to emphasise the artist's regional identity and nomadic approach and his role play against a basically historical backdrop, thereby stressing its historico-cultural indebtedness, the artist of the 90ies views the scope for his actions in a far more sceptical and, at the same time, more realistic light. The days of the pathos of universalism are over, and even the sensitivity engendered by perceiving the historico-cultural imagery as a personification of certain cultural rôles seems to have disappeared. In the 90ies, the stress of the artistic regard increasingly centres on a critical investigation of the mechanisms of power and manipulation, and of the mediaisation of artistic activity, as well as on the critical analysis of cultural institutions. The supreme ease and non-commitment which today characterises the artist's attitude towards so-called «High» or «Low Culture», towards the metropolis or even entire continents, becomes evident in the work of many young artists. Not only do these works represent an apt amalgamation of disparate media and forms of expression, they also draw our attention to the underlying investigation of the actual, and virtual, reality of life in our society, of the sociological aspects of artistic activity, as well as of such related issues as advertising, manipulation, and the power of information. It is therefore interesting to note that the increasingly institutional character of art has come to play a central part in such considerations. Not, however, in a form governed by a naively anarchistic approach taking the elements of grass-roots democracy to their extreme, but rather in way which takes the complex and contradictory nature of this process into account. There seems to be a high awareness of the degree to which this critical and even sceptical attitude towards institutions, the, frequently subversive, use to which the institutional framework may be put, determines the production of art itself.

In this manner, young artists who work with museums, galleries, and other public and private institutions that organise exhibitions have come to do so simultaneously in support and in opposition to this system. The institutional framework both enables and limits their display, their activities. The resulting intense use to which the system of communication is put on all its many levels involves a spectacular media component as well as a subversive, critical one. The artist needs to be highly professional and even clever to effectively demonstrate his conscious lack of professionalism. In a seeming paradox, this professional publicity aspect serves to support the traditional system while at the same time calling it into question. Criticism based on the portrayal of the system of communication as implicitly manipulative can only hope to succeed provided the artist is professionally established in precisely this system. Rather than implying cynicism, this correlation is, in fact, evidence of a growing aware-

Zynismus, sondern das Bewußtmachen einer neuen Situation, in der sich der Künstler nicht mehr als Gestalter gewisser universeller Gesetzmäßigkeiten, aber auch nicht als Animateur der Sensibilisierung bestimmter kulturgeschichtlicher und mythologischer Tiefenstrukuren betrachtet, sondern als Teilnehmer an einer multikulturellen Informationsgesellschaft, in der er seine Integrität und kritische Freiheit zu bewahren versucht.

Die Ausstellung «Coming Up – Junge Kunst in Österreich» präsentiert eine Auswahl künstlerischer Statements der neuesten Situation in Österreich. Die vom Museum moderner Kunst Stiftung Ludwig Wien eingeladenen Kuratoren und Künstler, die nicht nur aus Wien, sondern auch aus den Bundesländern kommen, versuchen bewußt, die mediale und sprachliche Vielfalt der zeitgenössischen Kunstszenen darzustellen. Es scheint paradox, daß viele junge Künstler, die durch ihre institutionskritische Haltung und durch ihre radikalsubversive Ablehnung der etablierten Kulturmechanismen oder kulturellen Systeme große Aufmerksamkeit auf sich gezogen haben, nun mit einem Bundesmuseum zusammenarbeiten – wobei die Musealisierung gleichzeitig auch eine Valorisierung bedeutet – und dadurch ihre Tätigkeit – als künstlerische Aktivität von ausgewählten Repräsentanten einer jungen Generation – in das kulturelle Establishment eingebunden wird. Gebrauch und Kritik der offiziellen Infrastruktur, kritische Auseinandersetzung und kreative Benützung der Institutionen, Beeinflussung durch Medialisierung der Kunst und die gleichzeitige Enthüllung der Manipulationsstrukturen sind in ihrer Tätigkeit miteinander engstens verbunden.

Mit dieser Präsentation versucht das Museum moderner Kunst Stiftung Ludwig Wien auch, eine selbstreflexive Museumsausstellung zu verwirklichen, wobei die eingeladenen Künstler ihre eigenen Positionen gegenüber dem Museum und gegenüber der Institutionalisierung in enger Zusammenarbeit mit den Kuratoren der Ausstellung realisieren. Wenn das Museum die Rahmenbedingungen für die Produktionen der einzelnen Künstler vorgibt, sensibilisiert es damit auch die Problematik der Komplexität des Verhältnisses zwischen Museum und Künstler, wobei die gemeinsamen und unterschiedlichen Interessen auf verschiedenen Ebenen definiert werden. Auch wenn der Künstler mit seinem Instrumentarium gegen die Spielregeln und Rahmenbedingungen des Museums agiert, stellt sich für ihn die Frage, diese vorgegebenen Bedingungen zu nutzen, kreativ umzugestalten, zu verbessern und für einen unkonventionellen, alternativen Gebrauch umzufunktionieren. Je mehr er durch seine kritische Analyse das System attackiert, umso mehr ist er selbst in der Gesamtstruktur verankert, umso mehr wird er selbst zum integrierten Bestandteil eines Mechanismus. Aber der gleiche Prozeß wird auch von der anderen Seite aus wirksam: Je mehr das Museum in der Auseinandersetzung mit dem künstlerischen Projekt seine potentiellen, bisher nicht vollkommen ausgenutzten Möglichkeiten mobilisiert und bis zur Grenze der museologisch noch möglichen Präsentationsformen geht, desto mehr liefert es sich als Medium des künstlerischen Projektes aus. So sucht das Museum neue Wege der Zusam-

ness of a novel situation in which the artist no longer considers it his responsibility to lend a specific form to certain universal laws, nor to stimulate the process of sensitization in regard to an underlying historico-cultural or mythological structure. On the contrary, the artist now perceives himself as a participant in a multicultural information society within which he strives to preserve his integrity and critical license.

The exhibition «Coming Up – Young Art in Austria» presents about twenty-five artistic statements revolving around the current situation in Austria. The fact that the artists and museum curators who have been invited to participate in this exhibition by the Museum of Modern Art Foundation Ludwig Vienna come from all over Austria represents a deliberate attempt to portray the linguistic diversity of the contemporary art scene, a diversity which also extends to their choice of media. It may strike some as incongruous that such a number of young artists, who initially attracted public attention by their critical attitude towards institutions and by their radical, subversive rejection of any kind of cultural establishment or system, have agreed to collaborate with a major federal museum. After all, their activities, i.e. the artistic production of a selected group of representatives of a new generation, thereby become an integral part of the cultural establishment, a process which necessarily entails a certain valorisation. Nevertheless, these artists' activities manage to effectively reconcile their critical investigation of the official infrastructure and institutions with their creative use, to link the pervasive influence of the mediaisation of art to a denouement of the underlying manipulative order.

In presenting this particular group of artists, the Museum of Modern Art Foundation Ludwig Vienna also tries to create a museum exhibition distinguished by a high degree of self-reflection. To this end, the contributing artists had to realise their specific positions in respect to the museum and the institutionalised aspect of art in close collaboration with the exhibition's curators. By providing the institutional framework for the artistic production of individual artists, the museum heightens the general awareness of the complex relationship between itself and the artist in so far as it helps to define the various levels on which their different interests coincide or conflict. Even though the artist's apparatus is arrayed against the rules and preconditions provided by the museum framework, he is encouraged to refer to precisely these preconditions in his endeavour to respond to them in a creative and novel manner, and to lend them some alternative and unconventional purpose. By subjecting the system to his critical investigation, the artist, in fact, strengthens his ties with the superordinate structure, slowly becoming an integral part of a larger mechanism. The same kind of process, however, is at work from the opposite direction: By mobilising its unrealised potential, and by experimenting with extreme forms of presenting the critical, artistic project in the museum environment, the museum itself becomes a more viable medium for the artistic project. Nevertheless, the museum is continually looking for new ways to cooperate with the artist, invariably lending a certain museum quality to even the

menarbeit mit dem Künstler, wobei auch die radikalsten kritischen Positionen und systemanalytischen Arbeiten unvermeidlich ständig musealisiert werden, auch wenn sich der Künstler dagegen sträubt. Die medialisierte kulturelle Infrastruktur ermöglicht die Rezeption und Wahrnehmung der Kritik seiner selbst. Diese Kritik wird vom Museum – als Institution – als künstlerisches Statement, als Kunstwerk interpretiert.

Auch das ironische Bewußtmachen eines Widerspruches der Museologisierung der Avantgarde wird aufgegriffen: Als die Avantgarde, die die Autonomie des Kunstwerkes aufgegeben hat, die Aura des ästhetischen Wertes zerstören wollte und das aktive Mitmachen des Betrachters als künstlerischen Erziehungsprozeß befürwortete, in die Museen eingezogen ist, mußte sie – im Interesse der museologischen Bewahrung (auch im restauratorischen, konservatorischen Sinne) – das Kunstwerk vom Betrachter trennen und schützen, das aktive Mitmachen verhindern und dadurch das Prinzip des Ersetzens der Autonomie durch kollektive gesellschaftliche, mentale «Nützlichkeit» aufgeben. So entstand die widersprüchliche Situation, daß das Avantgarde-Kunstwerk in seiner physischen Erscheinung museologisch bewahrt und konservatorisch geschützt wurde, wodurch seine mentale, ästhetische, subversive Funktion verunmöglicht wurde. Man könnte dies auch als extremes Paradoxon so formulieren, daß die Vorkämpfer der museologischen Anerkennung der Avantgarde-Kunst den Kunstwerken durch ihren Ankauf in die Museen ihren Geist und Funktionsraum genommen haben.

So stellt der heutige Künstler gegenüber dem Museum gerne unerfüllbare Bedingungen, als Kritik und Subversion, mit dem geheimen Wunsch, diese Bedingungen würden vom Museum trotzdem akzeptiert werden. Der Künstler bohrt Löcher in die Decke, schneidet Türen und Öffnungen in die Wand, baut Räume innerhalb der Museumsräume, füllt den Ausstellungsraum mit Öl oder sperrt ihn überhaupt zu – und damit die Besucher aus. Wehrt sich das Museum dagegen und sagt das künstlerische Projekt ab, triumphiert der subversive Künstler, weil er seine These vom reaktionären Charakter des Museums bestätigt findet. Erfüllt das Museum die Forderungen des Künstlers, triumphiert er ebenso, weil er sein künstlerisches Projekt gegenüber der schwerfälligen Administration durchsetzen und den konservativen Widerstand der Institution brechen konnte. Oft bemerkt der Künstler dabei gar nicht, daß er von Anfang an Gefangener der medialisierten kulturellen Infrastruktur und des Informationssystems ist, ohne deren Bestehen seine künstlerische Tätigkeit ja gar nicht wahrgenommen würde. Die subversive Kritik und die Darlegung der analytischen Systemuntersuchungen verlangen quasi nach der kulturellen Infrastruktur und dem mit ihr verbundenen Informationsnetz.

Im Bewußtsein dieser Situation, die seit Mitte der achtziger Jahre mit der rasend schnellen Entfaltung der neuen Kommunikationssysteme und medialen Bereiche evidenter geworden ist als je zuvor, bietet das Museum eine neue Form der Zusammenarbeit mit der jüngsten Künstlergeneration und den jungen Kuratoren an, wobei das Museum selbst ständig seine Funktion als Insti-

most radical, critical positions and analytical works, a process the artist himself may well resist. The increasingly media-ted character of the cultural infrastructure enables it to perceive and respond to a critique of its own principles – a critique, which the museum, as an institution, chooses to interpret in terms of an artistic statement, as a work of art.

In the same vaguely ironic fashion, the work also serves to recall the implicit contradiction involved in the integration of the avant-garde into the museum environment: After all, the avant-garde had claimed to have done away with the autonomy of the artwork, with the expressed purpose of divesting it of its aura of aesthetic value, proposing instead the active participation of the observer in an educational process based on art. Now, in order to enter into the world of the museum, the avant-garde was forced to separate and protect the work of art from the observer, to actively restrict his participation – not least because of the museum's vested interest in preservation (also in terms of conservation, respectively restoration) – and, in the process, abandon its principle of replacing the artwork's autonomy with a collective, social, and cerebral «usefulness». In the resulting paradoxical situation, the avant-garde object, though its physical existence was preserved by the museum, could no longer fulfil its original, aesthetic, cerebral, and, above all, subversive function. Put in extreme terms, the vanguard in the avant-garde's struggle for recognition by the museum might, in fact, be held responsible for the loss in functional and intellectual potential which succeeded the purchase of these artworks by the museum.

As a consequence, today's artists frequently face the museum with near impossible demands, in a form of criticism or subversion, while, at the same time, entertaining the secret hope that the museum might nevertheless accede to their conditions. The artist drills holes in the ceiling, removes doors or cuts new openings in some of the walls, erects separate rooms within the exhibition halls, fills them with oil, or even closes them off entirely – locking out the potential visitor. If the museum resists and cancels the art project, the subversive artist can claim to have triumphed because his notion of the museum's reactionary nature has apparently been confirmed. If the museum agrees to the artist's demands, he is still triumphant because he was able to realise his project despite the conservative resistance of the institution and its ponderous administration. During this exchange, the artist frequently fails to comprehend that he is nevertheless basically unable to escape the media-ted, cultural infrastructure of the information system, without which his artistic activity would go unnoticed in the first place. In other words, the subversive critique and analytical investigation of this system might be said to presuppose the cultural infrastructure and its attendant information network.

Based on its awareness of this situation, which since the mid-80ies and the attendant, rapid development of new media and systems of communication has become more obvious than ever before, the museum offers a novel form of cooperation between the present generation of young artists and a group of

tution und seine Möglichkeiten bezüglich der authentischen Präsentation zeitgenössischer Kunst überhaupt überprüfen muß.

Diese Ausstellung ist gleichzeitig auch unser Beitrag zum österreichischen Millennium, wobei das Museum sein Augenmerk nicht nur auf die Tradition und Kontinuität des österreichischen Kulturschaffens legte, sondern vor allem auf die Sensibilisierung der widersprüchlichen, spannenden, komplexen und komplizierten Systeme der kulturellen Infrastrukturen von heute, wie sie von den jungen, zeitgenössischen Künstlern wahrgenommen werden.

curators who are their contemporaries. In the process, the museum itself also comes under pressure to continually reassess its function as an institution and its potential in respect to the authentic presentation of contemporary art.

Though the exhibition «Coming Up – Young Art in Austria» represents this museum's contribution to Austria's millenary, its main emphasis does not fall on the long tradition and continuity of Austria's artistic production, but rather on heightening the general awareness of the complex, contradictory, exciting character of the mechanisms which govern today's cultural infrastructure – as seen through the eyes of young, contemporary artists.

Rainer Fuchs

Coming Up – Zur Konzeption der Ausstellung

Kunst als interventionistische Praxis sowie als Handlungsform in alternativen Räumen, verbunden mit einer kritisch subversiven Haltung gegenüber repräsentationsorientierten und objektfixierten Auffassungen und deren Vertretern hat mittlerweile selbst Konjunktur. Die damit einhergehende schleichende Selbstinstitutionalisierung trifft sich mit dem Versuch sogenannter traditioneller Institutionen des Kunstbetriebes, Teile dieser institutionskritischen oder auch nur – fernen Szene in ihre Ausstellungsprogramme zu integrieren, sie also zu reinstitutionalisieren. Die sich daraus ergebende Fülle brisanten Diskussionsstoffes prägt im Augenblick die Auseinandersetzung um das Verhältnis junge Szene und Kunstbetrieb nicht nur hierzulande. Die von vielen befürchtete Musealisierung dessen, das seine Legitimation gerade aus seiner mehr oder weniger unverhohlenen Kritik am sogenannten Establishment offizieller Kunstverwaltung bezog, ist in dieser Diskussion nur einer der Streitpunkte. Das alte Problem, wie nämlich eine, den Begriff des Politischen in ihrer Arbeit in bezug auf die Institutionen kritisch-subversiv ausrichtende Kunst gerade innerhalb dieser Institutionen auch subversiv und provokativ agieren könnte, ohne sich selbst zu konterkarieren, wird derzeit als mehr oder weniger rhetorische Frage gehandelt. Daß mit «Szene» als in sich differenziertem Kollektivsingular, neben den Künstlern auch die Kuratoren – die bekanntlich für sich ja auch unterschiedliche Ansätze und Selbstdarstellungsformen beanspruchen – mitgemeint sind, bringt zusätzliche Aspekte zum Thema Macht und Moral ins Spiel. Während sich in der «Szene» die Geister zu scheiden beginnen, scheint die Rolle der Institutionen für ihre Kritiker bereits vorgezeichnet: Als Ort bloßen Repräsentierens betrachtet, wird Ihnen der Versuch der Kontaktaufnahme als Vereinnahmung und Neutralisierung angerechnet, und würden sie den Versuch erst gar nicht unternehmen, dann würden sie erst recht jene – mit schon etwas abgestandenen Argumenten attackierten – Klischees gegenüber Institutionen bestätigen, mit denen sich so trefflich moralisches Kapital gegen sie horten läßt.

Das Museum als Institution und das Millennium als Rahmen erscheinen in diesen hier nur angedeuteten Diskursfeldern als brisante und auch herausfordernde Vorgaben, noch dazu, wenn sich eine von einem Kuratorenteam konzipierte Ausstellung zum Ziel setzt, «junge Kunst in Österreich» vorzustellen. Damit kann heute weder eine sich dem skizzierten Diskussionsgeschehen entziehende Ausstellung, noch ein Vollständigkeit oder Überblickscharakter beanspruchendes Unternehmen gemeint sein. Trotz der durch die einzelnen Ku-

Rainer Fuchs

Coming Up – On the Conception of the Exhibition

Nowadays, art as an interventionist practice, as a form of activity taking place in alternative spheres and governed by the critical, subversive attitude towards an approach geared to representation and the primacy of the object – an attitude which also extends to the representatives of this view – is experiencing its own peculiar boom. The attendant, insidious autoinstitutionalisation coincides with an attempt by the so-called traditional institutions of the art establishment to integrate certain elements of an art scene openly critical, or just demonstratively disinterested, in these institution into their exhibition programme, in other words, an attempt to re-institutionalise that scene. As this process leaves a lot of scope for controversy, it has become a defining influence on the ongoing discussion of the relation between the young art scene and the art establishment, and certainly not just in this country. The way in which forms of expression, which, after all, derive their legitimacy from a more or less unconcealed criticism of the so-called establishment of official art administration, might be absorbed into the museum environment – a prospect dreaded by many – is just one of several controversial issues in this discussion. Though, today, it may be treated in terms of a vaguely rhetorical question, the same old problem remains: How can this kind of art, whose proponents tend to view the traditional institutions in a critical-subversive light and to interpret their work in basically political sense, hope to find a subversive and provocative expression within these institutions without contradicting its basic tenets? Additional aspects, such as considerations of power and ethics, are introduced by the fact that the «scene», in itself a heterogeneous, collective entity, not only includes the artists, but also extends to the curators – who also represent a wide range of approaches and forms of self-portrayal. Whereas the young «art scene» is therefore split along ideological lines, there seems to be a general consensus as to the proper rôle of the institutions, at least among its detractors: In so far as they are considered mere places of representation, their attempt at establishing new contacts is seen as a form of colonialism, as an implicitly neutralising effort. If they did not make this attempt in the first place, however, they would merely confirm the outworn clichés which have always provided excellent moral ammunition in the perceived struggle against the institutions.

Against the backdrop of the ongoing discourse outlined in the above, the museum as an institution in combination with the millenary theme acquire the character of an explosive challenge, particularly so when an exhibition de-

ratoren bewußt kalkulierten Fächerung von Interessenslagen und Perspektiven kann es nicht um das Inszenieren einer nationalen Leistungsschau im Sinne einer föderalistischen Kunstpolitik gehen. Wenn diese Ausstellung – die bewußt nicht darauf ausgelegt ist, eine Darstellung der sogenannten alternativen Szene zu offerieren – davon ausgeht, daß es durchaus Sinn macht, den Blick auf die junge Szene in Österreich nicht nur von Wien aus und nicht nur aus der Perspektive der Museumskuratoren zu werfen, so ist dies nicht mit einem falsch verstandenen, für kunstbetriebliche Maßstäbe irrelevanten Föderalismus zu verwechseln, sondern als Versuch zu werten, ein vielfältig verzweigtes und in unterschiedlichen medialen Kontexten und lokalen Verankerungen sich abspielendes Kunstgeschehen mittels einer mehrgliedrigen, dezentralen und einer vor allem von unterschiedlichen Interessen und Ansätzen ausgehenden Kuratorenstruktur zu erfassen.

Daß Jugend bzw. ein bestimmter lokaler Rahmen allein keine hinreichend legitimierenden Kriterien für die Konzeption einer Gruppenausstellung sind, liegt auf der Hand. Und daß andererseits das Aufzeigen von Positionen junger Kunst in spezifischen thematischen Kontexten immer auch einen Kompromiß zwischen letztlich verschiedenartigen Kriterien einschließt, ist ein Faktum struktureller Art, dem sich auch diese Ausstellung zu stellen hat, gerade weil sie bewußt nicht darauf verzichtet, einige für die gegenwärtige Situation relevante Themen zur Diskussion zu stellen. Solche, für diese Ausstellung maßgebliche Themenfelder gruppieren sich um die Begriffe Information, Kommunikation und Interaktion vor dem Hintergrund allgegenwärtiger Mediatisierungsstrategien. Die durch unterschiedliche Medien vorangetriebenen Möglichkeiten der Virtualisierung, Simulation und medialen Inszenierung des realen Gesellschafts- und Lebensraumes erzeugt Macht- und Manipulationspotentiale, die als Alltagserfahrung auch die Grundlage und den Ansatzpunkt für unterschiedlichste künstlerische Interpretationsformen bilden. Bezogen auf das Ausstellungsereignis «Coming Up» geben außerdem die Institution Museum und der Bezugspunkt Millennium Markierungen vor, die ihrerseits als mediales Umfeld bzw. als Medienereignis erfahrbar sind und thematische Reibungspunkte abgeben. Als Inkunabel des Institutionellen, Öffentlichen und auch Staatlichen liefert das Museum an sich einen Ort der möglichen Auseinandersetzung mit Traditionalismen und Verwaltungsaufgaben und –ansprüchen, deren Auswirkungen auf das jeweilige individuelle Selbstverständnis der Künstler und ihre Arbeitsweisen möglicher Referenzrahmen für die Arbeiten ist. Die mit «Coming Up» angesprochene Valorisierung von Kunst im institutionellen Rahmen hebt auch den mit jeder Ausstellung verbundenen Anspruch bzw. Zwang des Avancierens explizit als Thema hervor. Für die Künstler bedeutet dies eine Herausforderung, zu jenen Mechanismen Stellung zu nehmen, denen sie als Aussteller implizit immer unterstehen.

Der Ausstellungstitel «Coming Up» entstammt der Medien- und Informationskultur. Er hat sich vor allem bei Nachrichtensendern als eine Art Meta-Headline etabliert, die der Vorankündigung von Programmpunkten dient und

signed by a team of curators plans to present «young art in Austria». Today, such an exhibition can neither hope to avoid the implications of the above discussion, nor claim to be a comprehensive project providing some sort of overview. Despite the individual curators' conscious efforts to achieve a balance of interests and perspectives, the purpose of this endeavour cannot be the favourable presentation of national achievements, i.e. in the spirit of federalist art policy. While this exhibition deliberately refuses to be a mere show presenting the so-called alternative scene, it is nevertheless true that it is based on the notion that any consideration of the young art scene in Austria cannot be limited to a «Viennese», or even a museum curator's perspective. However, this should not be misconstrued to imply the kind of federalism which has little relevance for the art establishment. On the contrary, it is the attempt to come to terms with a highly diverse sphere of artistic activity embedded in disparate media contexts and local obligations by means of a curatorial structure distinguished by its equally wide range of interests and attitudes.

It goes without saying, that youth, respectively, a certain geographical frame, are – when taken by themselves – insufficient to provide the necessary legitimising criteria for the conception of a group exhibition. On a structural level, it is equally obvious that any exhibition which plans to present the positions of young contemporary artists in specific, thematic contexts has to be prepared to seek a compromise solution for what remain basically incompatible criteria – i.e. assuming the exhibition intends to be a forum of discussion for certain of the issues relevant to the contemporary situation. In the case of the current exhibition, these issues generally refer to concepts like information, communication, and interaction, as well as to the underlying, omnipresent strategies of growing mediaisation. The enhanced ability of various media to produce a virtual, simulated, and staged, media version of actual societal space and of the world we live in, encourages the accumulation of a manipulative potential, of a pervasive kind of power, which, in so far as it has become part of everyday experience, constitutes the basis for diverse forms of artistic interpretation. As regards the exhibition event «Coming Up», both, the institution of the museum and the millenary perspective, serve as points of reference which can be experienced as a media event or environment in their own right, and thereby, in themselves, provide plenty of room for controversy. As one of the incunabula of the national, public, institutional sphere, the museum as such provides the setting for a critical investigation of traditional attitudes and administrative responsibilities. Their effects on the individual artists' self-concept, as well as on their work methods, in turn, becomes a potential frame of reference for their work.

The latent valorisation of art accompanying its exposure to the institutional environment implied by the title «Coming Up», emphasises the problematic character of the supposed, and seemingly inevitable, status gain which accompanies any exhibition. The artists, on the other hand, are faced with the challenge of finding an adequate response to precisely those mecha-

dazu bestimmt ist, deren Neuheit und mediale Relevanz zu signalisieren. Diese Konnotationen sind bei Übertragung des Titels in den Ausstellungskontext durchaus präsent und verweisen auf die hinter solchen Ankündigungen auch stets verborgenen bewußten Selektierungen und Positionierungen von Informationen, die deren angebliche Wertfreiheit konterkarieren. Daß das Positionieren künstlerischer Leistungen kein vorauseilendes Musealisieren sein kann und soll, daß es also nicht darum gehen kann, etwas zu historisieren, das sich gerade anschickt, sich mit den Kategorien Geschichte und Museum selbst auseinanderzusetzen, sollte eigentlich nicht erwähnt werden müssen. Auch wenn und gerade weil sich dieses Projekt im Museum abspielt, nimmt es für sich in Anspruch, fragmentarisch zu sein und sich auf der Basis des Vorläufigen und der Behauptungen zu bewegen.

Eine, unter anderem die Vernetzungen zwischen den gängigen Informationsmedien und den Medien Kunst und Ausstellung in Betracht ziehende Konzeption, zielt jedoch nicht darauf ab, in banale Gleichsetzungsvorstellungen zu verfallen und entscheidende Unterschiede etwa in bezug auf den Begriff der Kommerzialisierung und ihrer Folgen auszublenden, sondern sollte davor bewahren, den seinerseits längst der Mediatisierung unterworfenen Kunstbetrieb als selbstgenügsames, abgegrenztes Territorium für wertfreie Informationsvermittlung zu sehen. Die Ausstellung ist selbst bekanntlich Medium und ihre Wahrnehmung durch unterschiedliche Segmente der Gesellschaft ein via Medien gesteuertes Interpretieren mit Bewertungsabsicht. So erschiene es etwa problematisch, einerseits die Vernetzung aller möglichen Institutionen und Individuen in telematischen Welten und virtuellen Realitäten zu feiern und doch zugleich den Kommunikationskosmos in Kunstfragen auf ein innerbetriebliches, die eingefahrenen Konventionen bestätigendes Maß zu redimensionieren. Vernetzung und Informationsfluß stellen also generell die Frage nach der Penetration von unterschiedlichen Kommunikationssystemen und gesellschaftlichen Sektoren und werfen die Frage nach der Notwendigkeit und Sinnhaftigkeit von Cooperativen, Regulativen, Oppositionen, Abgrenzungen und Widerständen auf. Daß sich solche Problemstellungen der Mediatisierung nicht nur auf sogenannte Medienkunst und – längst nicht mehr so – neue Technologien beziehen, sondern die Produktions-, Präsentations- und Bewertungsformen eines Großteils der sich als Kunst deklarierenden Medien und Strategien betreffen, sollte auch in der Ausstellung nachvollziehbar sein, die also keine Medienausstellung ist, sondern eine den Begriff des Mediums und dessen Konnotationen im Kunstkontext verhandelnde.

Die hier ansatzweise genannten Themenbereiche sollten jedoch zugleich genügend Offenheit und Spielraum zulassen, um nicht die den einzelnen Arbeiten inhärente Komplexität und Eigenheit zu verstellen. Thematisch angelegte Gruppenausstellungen ziehen bekanntlich immer Vereinnahmungen mit sich, die wesentliche und mögliche inhaltliche Aspekte der einzelnen künstlerischen Beiträge oft negieren, marginalisieren und verzerren können. Daher unternimmt ein solches Ausstellungsprojekt immer auch eine Gratwanderung

nisms of museum display that implicitly govern their activities as participants in the exhibition.

The exhibition's title, «Coming Up», originates in the media and information culture. Particularly among news broadcasting stations it is commonly used as a kind of metaheadline to announce future programmes and to proclaim their novelty and media-related relevance. During the transposition of this title into the exhibition context, none of the above connotations are lost. They hint at the process of conscious selection and positioning of information hidden behind such announcements, a fact that runs counter to their supposedly neutral value. It hardly needs to be emphasised, that the mere positioning of artistic achievements does not necessarily lead to an integration into the museum environment, which is perfectly acceptable. There is little point in subsuming something under the heading «history», simply because it happens to be fashionable to deal in such categories as history or the museum. Even though, or, perhaps, because this project takes place in a museum, it may still claim to be fragmentary, and to operate on the level of the temporary and unsubstantiated.

A conception that, among other things, decides to explore the complex relationship between the established information media and those of art and the exhibition, cannot afford to lapse into trite notions of egalitarianism, nor to exclude the crucial distinctions resulting from the concept of commercialisation and its consequences. On the contrary, such a concept would make it difficult to consider the art establishment, which has long since fallen prey to mediaisation, in terms of a self-sufficient preserve of neutral information exchange. It is hardly news, that the exhibition itself has come to be regarded as a medium, and that the way in which it is interpreted by different segments of society is implicitly judgmental, as well as subject to influence via the media. Consequently, it would appear more than slightly problematic to celebrate the networking of all kinds of institutions and individuals in telematic worlds and virtual realities, while, at the same time, reducing the cosmos of communication – in so far as it applies to questions of art – to the scale of a localised phenomenon, which merely serves to confirm a set of outworn conventions. Interrelatedness and information flow are just two aspects of a mutual penetration of different systems of communication and separate sectors of society that could bear with closer scrutiny. Taken together, they call into question the inevitability and usefulness of cooperatives, regulations, and such basic concepts as opposition, delimitation, and resistance. Naturally, such considerations are not restricted to media art, nor to the so-called new technologies. They also apply to the forms of production, presentation, and evaluation employed by the majority of the media and strategies commonly subsumed under the term art. Hopefully, this will become sufficiently evident in the exhibition; for, rather than being a media exhibition, it in fact revolves around the concept of the medium itself, and its connotations for the art context.

Nevertheless, the issues outlined above should still leave enough room, so that the innate complexity and characteristic features of the individual works

mit all ihren angreifbaren Intentionen und Lösungen. Prinzipiell kann es nicht darum gehen, die einzelnen Positionen gleichsam als Illustration von Titelbegriffen und eventuell damit verbundenen Thesen zu vereinnahmen und zu degradieren. Daß sowohl von seiten der Künstler wie auch von seiten der Kuratoren zum Teil unterschiedliche Auffassungen, Bewertungen und Interpretationen zu den thematischen Vorgaben existieren, ist Bestandteil der gewählten Arbeits- und Organisationsstruktur und war auch Thema in den einzelnen Diskussionen im Team während der Ausstellungvorbereitung. Die Überantwortung des Projekts an einzelne Kuratoren veranschlagt auch von vorneherein einen Meinungspluralismus, der wohl diskursiv aufeinander abgestimmt, aber keinesfalls unter den Teppich gekehrt werden soll.

Wie für alle anderen öffentlichkeitsrelevanten Bereiche stellt sich auch und insbesonders für die institutionalisierten Segmente des Kunstbetriebes als Evaluierungsinstanzen die Frage nach ihren manipulativen Potentialen im Zusammenhang mit dem immer wieder gerne zitierten Bildungs- und Informationsauftrag. Daß die Auswahl der Künstler und Arbeiten ebenso wie die Themenstellungen – bezogen auf fast jede beliebige Ausstellung – auf Interessen der Kuratoren hinweisen und daß jedes Ausstellungsthema als Information zugleich eine vorgetragene Behauptung mit Vereinnahmungsabsicht darstellt, wird gerne übersehen. Dies auszusprechen und sich auch selbst nicht davon auszunehmen, bedeutet aber weder, sich im Schutz der Institution in machtvoller Selbststilisierung zu üben, noch sich von vornherein gegen Kritik an der eigenen Kuratorentätigkeit immunisieren zu wollen, sondern einfach realitätsfremden Auffassungen und den davon abgeleiteten Ansprüchen entgegenzutreten. In diesem Zusammenhang ist auch «Coming Up» nicht als naiver und blinder Kompromiß oder vorschnelle Konzession an kommerzialisierte Markt- und Machtstrukturen zu verstehen, sondern als ein gegenüber jeder Form der kritischen Reflexion prinzipiell offenes Zitat.

can be viewed to their best advantage. Group exhibitions structured according to thematic principles have a well-known tendency towards egalitarianism, a quality which frequently negates, marginalises, or distorts certain at least potentially essential aspects of the individual artistic contributions. As a consequence, any such exhibition project cannot help treading a very fine line and exposing its intentions, as well as the solutions it offers, to criticism. However, it would be pointless to categorise the individual positions in terms of mere illustrations of certain headings and their attendant principles, and thereby degrade them. The preferred organisational and work structure, therefore, takes into account that both the artists and the curators represent a wide range of diverse attitudes, priorities, and interpretations in regard to the issues that structure this exhibition; a subject all participants were able, and willing, to discuss with their respective teams during the preparations for the exhibition. Entrusting this project to more than a single curator also guarantees a plurality of opinion which remains noticeable throughout the exhibition.

As in most other areas of public relevance, the institutionalised segments of the art establishment, in so far as they are part of a valorising authority, are commonly thought to fulfil an educational and informational function. It also raises the question as to their manipulative potential in this regard. What is frequently overlooked, on the other hand, is the fact that the choice of artists, works, and subjects – and this applies to almost every exhibition – is also an indication of the individual interests of the curators, and that the subject of an exhibition, rather than being pure information, also represents a kind of proposition, which implies some wider, general validity. To address this fact, and to apply it to one's own position, does not, however, disguise a desire to exercise a powerful form of self-stylisation within the institutional preserve, nor an attempt to protect the curatorial activity from potential criticism. On the contrary, the intention is simply to oppose unrealistic attitudes and the exaggerated claims that frequently accompany them. In this context, «Coming Up» should, therefore, not be misconstrued to imply a naive and visually impaired compromise solution, nor be considered to make unnecessary concessions to commercial market or power mechanisms. It is a quotation characterised by its fundamental openness towards all forms of critical reflection.

judith fischer: **«Wir können uns doch nicht alle paar Jahre neu einrichten, nur weil sich die Formen ändern.»**
etwas reduzieren die konzentration selektion etwas komprimieren auf eine weise oder die art anpassen indiskutabel bläulich mit den dingen zusammen spinnen wem sich auch entgegenstellen oder erklären beweggründe zahlreich pragmatisch oder isoliert. die aussagen zeichnen sich selbst gegen den hintergrund aus absichten und handlungen ab. das rhetorische behaupten ist sache der politik. solange widerspenstigkeit und exzentrik vereinzelt auftreten haben auch die institutionen lust sich damit zu dekorieren. es lockert die sache etwas auf. die toleranz ist eine figur eine figurine gurrt und schnappt auf und mokkiert sich. nachdenken im näherkommen der macht und den mwörtern medien macht meinung museum moral moneten mode macher malheur. lieber sind dann die wwörter. wwörter sammeln und stülpen nicht so. sammeln wissen wasser wein wellen worte. wasnoch? in den schutzlücken der macht arbeiten und sich aufhalten in ihrer eitelkeit im ausloten der rhetorik ihrer behauptungen. mit feinen fäden in die macht hineinarbeiten in ihre logik ihre semantik. die überzeugung erschüttern sie horte die bedeutungen die ihr doch immer neu entschlüpfen. nächste zukunft. dann dort bedarf die macht unserer mehr als wir ihrer. wir schmücken sie unzuverlässig. das verkörpern einer differenz enttäuscht sie. nur mehr das mindeste geben in einem solchen tausch und auch darin strategisch gegenversichert. wir sind nicht naiv genug. wir sind langsam zu lesen sehr langsam. wer wir? mit welchem zeitaufwand? das schwerfällige ist freundlich ohne grund. ohne notwendigkeit. eklatant ausfallende anstrengung. auffallend ausfallen. eigenarten werden nicht verhandelt. nur wenn es rentiert. lächerlich kurze bemessungsspielräume. wer will das schon? das reibungslose funktionieren. spürsinn? sinn spüren? igitt!! nächste zukunft. hallo! kuratieren ist der umgang mit der macht ohne ihr zu willen zu sein. demnächst mehr und: nette gruesse. sich nicht zur gruppe zusammenreißen. keine zensur. selbstständigkeit ist selbstverantwortung. gewissenhaft und lax und hochnotpeinlich. peinlich! bitte sehr. gerne. die einen meinen ich lungere nur so rum und die anderen zucken mit dem wimpern? bad vibes. disaster area. (my upcoming novel.) wir versuchen alle unser bestes. darin sind wir gut wenn auch entscheidend frech und machen schwierigkeiten wo alles eigentlich immer schon eben so gewesen ist. nicht wahr? besserwisserei diskursive geplänkel interna. na und. konstruktion kooperation decknamen funktionen. innere überzeugung? wo innen? und geil worauf? vorlieben haben für das sture minimale für das verschwinden die tätige schlauheit die die systeme hervorragend zu bespielen weiß. wer merkt schon wie wir uns denken sollen mechanismen ränder und dabei ohne zwang. ich will einmal sagen die künstlerInnen nicht an die mehrheit verkaufen als dientsleiter animateure sozialarbeiter entertainer nicht ans museum als genies. sondern so. über keinen kamm scheren keinen scheitel ziehen. moral in der subkultur. strategien strategeme. die person als frage der präsenz / die menschmaschine differenz. das verschwinden der handschrift das auftauchen der menschlichen zeit klischee und möglichkeiten der bogen spannt sich wuchert breitet sich aus entwickelt sich zusehen reden. die zumutung der zukunft. wie etwas sich auffaltet entlang von fragen linien. etwas braut sich zusammen. etwas? läßt sich lesen. häuft sich an. entsteht entwickelt wuchert. eigenartige nervosität. selektion: im fluß fischen. köder? häppchenweise. entertainment und zerstreuung kurzweil und bourgeoisie ahoi! oder anders. einfach ist das alles nicht. eine floskel eignet sich nicht für eine markierung. das steht fest und kostet viel nächste zukunft. heute so jenseits von richtig und falsch.

«Die Menschen wissen nicht, was das Stehlen, das Säen, das Kaufen, das Ruhen und die Einsicht, was zu tun ist, bedeuten. Das wird ja nicht mit Augen gesehen, sondern mit einer Sehkraft anderer Art.»

«Human beings do not know what it means to steal, to sow, to buy, to rest, and to realize what one has to do. After all, these things are invisible to the naked eye for they require a different kind of vision.»

Marc Aurel: Selbstbetrachtungen. Drittes Buch, Abschnitt 15. Stuttgart: Kröner 1973 (12. Auflage)
Marcus Aurelius: Meditations or Writings to Himself. Third Volume, section 15. Stuttgart: Kröner 1973 (12th edition)

in oliver croys kunst ist das individuum in kollektiven bildern kollektiven wünschen verhaltensweisen formen und verständigungsmöglichkeiten verschwunden. im gegensatz zu klassischen konzeptionen von kreation schöpfung kunst beschränkt sich das im kollektiven aufgelöste subjekt auf zur verfügung stehende codes und handlungen gemeinsame mengen und impulse und bringt sich damit und darin als eigenart und differenz zum verschwinden. es entlastet sich davon ein einzelnes zu sein indem es nur anwesend ist und in dieser anwesenheit außerhalb von zustimmung und ablehnung jenseits von affirmation und widerspruch.
kein widerspruch kein kommentar.
ein bloßer eigenname eingeschleust.
teilnehmende beobachtung.
das mögliche erkennen eines unterscheidbaren liegt nur noch in der motivation. verhaltensweisen die sich bemühen ein zeichen der differenz ein logo eine identität herzustellen etwas eine form für sich selbst – das ist für oliver croy plausibler betrug. das selbst ist verstellt nicht erreichbar und dieser sachverhalt muß nicht verdeckt werden. es existiert kein spiegel mehr der das eigene bild folgenschwer genug zurückspiegelt. was existiert ist ein mögliches verhältnis zum raum zu dichte und durchlässigkeit.
als form mit einem eigennamen ist eine person nichts anderes als ein objekt. unter vermeidung von moralischen und emotionalen zuwendungen bleibt das subjekt als form visuellen reizreaktionen überlassen.

judith fischer (sommer 95)

in oliver croys art the individual has disappeared in collective images collective desires forms of conduct and forms of communication. in contrast to classic conceptions of creation art the subject dissolved in the collective confines itself to the codes and actions at its disposal to common sets and impulses and thereby causes its own disappearance as an individual and difference.
it relieves itself of being a singularity by being simply present and in this presence outside assent or denial beyond affirmation and resistance.
no dissent no comment.
a mere proper name insinuated.
participant observation.
to recognise the potential in something distinguishable becomes a mere matter of motivation. behaviour aimed at producing a sign of difference a logo an identity something a form for itself – all this for oliver croy is plausible deceit. the self is obstructed out of reach and this fact need not be hidden. there are no more mirrors which reflect the own image with sufficient consequence. All that is left is a potential relation with space density and permeability. as form with a proper name a person is nothing but an object. in avoiding moral or emotional input the subject as form remains receptive to visual stimuli.

judith fischer (summer 95)

The sad eyed chameleon
volcano grey
sits on his rock
on a thundery day
grey is his coat
and grey is his heart
grey-eyed chameleon
in deep grey thought.

A rainbow appeared
in a sudden squall
and big fat rain drops
started to fall.
‹Oh rainbow colour
please wash away
the grey in my life
the grey of the day.›

Squall heard this wish
and there and then
blew him away
to the rainbow's end
where on the ground
lay a lustrous shell
rainbow bright
Mother of Pearl.
Opaline pearl
moonstone bright
petrol on puddles
and shimmering bubbles
Mother of Pearl is my delight.

aus: Chroma, A Book of Colour – June '93, Derek Jarman, Vintage, London 1994, S. 145–146

Eidehntiti-Schlacke – Mit dem Mit nach Altaussee gefahren, vorsatz aus dem Zug gestiegen, aus dem Anhang Zeit, mit einer Ahnung an Gewichtsverlust. Nichts zu essen als Gemüsesäfte. Reinigungsprozeß. Als verstopftes Klo wir beide. Carla und  Franzobel. Österreich damit ein Stück. Das Ausseerland ist schwerpunktmäßig ausersehen. Österreich ist alles andre rum, das zarte rosa Fleisch. Österreich, das sind riesengroße Hoden,  ein kleines Schwänzchen als Vorarlberg, Tirol. Sie lieben überheizte Wohnungen. Zwei Wochen lang nichts essen, war uns ernst gemeint, doch schon im Zuge wurde klar, man muß nicht übertreiben. Biographisch ist etwas emigriert. 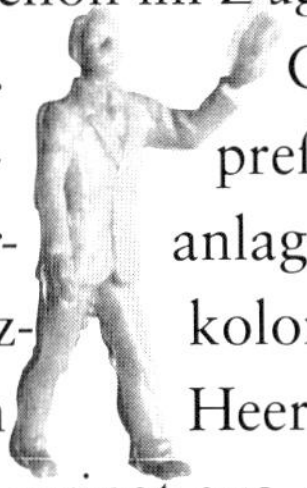 Glaubersalz, und daran glauben, in warmer Wasserbrühe, Zitronen ausgepreßt, und auf Entleerung hoffen. Was heraus kommt, ist Konzept. Es rumoren spüren, Kläranlage Mensch. Worauf bezieht sich das? Identität? Schon poltert es im Trakt, marschieren Putzkolonnen durch das Unkanalisierte. Der Körper ändert sich,  wird ich und Du, Konzept. Ein Heer naturgebräunter Putzfrauen tunkt Lappen in ihr Wägelchen, mit Säure angefüllt, wringt aus, es schäumt. Mozart im Hintergrund, beschwingt. Da kannst Du doch nicht sagen, Österreich ist korpulent. Die Einbildung fliegt weg und gaukelt Krakeelen durch die Lüfte. Zwei Wochen Altaussee, zwei Wochen lang nichts essen. Da. Die Lappen werden in die Höh geschwungen. Alles  putzt. Ein Rumoren durch den Trakt. Glaubersalz, und daran glauben. Ein Sonnentag zum in die Hose scheißen, jede Bewegung drückt. Fastentag. Die Hosen Richtung Boden, langsam wurstet es. Ob das schon unsere Arbeit ist? Carla und Franzobel Konjunktiv. Ratten aus dem Gully Mensch, retten sich. Der Damm, er bricht. Tröpfeln, Regen und Raketen. Alles mit. Glaubersalz, und daran glauben. Die Kolonne leistet gute Dienste, die Regierung mit. Alles wird herausgespült. Österreich braucht Reinigung. Ein Wolkenbruch an brauner Sauce, alles drin. Das Kapitalsparbuch und tote Schlangen, Millennium, ein  kleiner Korruptionsskandal, Mozart, beschwingt, Kinderspielzeug. Leberkäseziegel, die Parteibuchwirtschaft, Wurstskandal. In immer neuen  Fluten bricht der Darm. Glaubersalz, jetzt Realität. Die Lider werden schwächer, so haben wir uns das vorgestellt, der Kreislauf kreist, die Glieder ziehen. Fasten kommt von festhalten und hat den Sinn von folgen. Das bringt uns näher. Da. Das Verstehen sinkt, man merkt nicht mehr so gut, der Augendruck läßt nach, der Kreislauf mit. Der Körper ernährt sich nun von der Reservebank. Ein Schalter um, man wird sensibler. Fastentag, schon hat man Mundgeruch. Carla und Franzobel. Heimat, das ist Nägelkauen. Mehr verstehen wir darunter nicht. Das Gefühl, daheim zu sein, ist wie etwas abgebissen haben, z.B. einen Span Erinnerung. Wie wir beide aufeinanderpicken. Als Idee zwei Wochen  lang. Entschlackungstee. Heimat ist wie Ohrenbohren, manche sagen provinziell. Das Gefühl Geborgenheit ist einen großen Klecks herauszuholen. Argentinien. Heimat, das ist Pickeldrücken. Ein weidlich weißer Patzen springt aus Dir  als Dein Zuhaus. Wie kannst Du sagen, Österreich sei rückständig. Heimat, das ist das sich Schneuzen, das die Finger sich verkreuzen, kämmen, Zähne putzen mit dem Zahnstocher und das dafür Nichts genieren. Wie kannst Du sagen, daß die Österreicher lauter Nazis sind, wir essen hier ganz wunderbar. Sauerkrautsaft. Wie kannst Du sagen, hier bringt jeder jeden um, noch leben wir. Im Hirn ein Fasten, ein Konzept. Zwei Wochen aufeinanderpicken. Heimat, das ist Furzen, Rülpsen, Schleim in einen Polster sabbern. Wir können alles tun. Heimat, das ist das sich in die

Decke wälzen, schnarchen oder lungern. Millennium. Ein Schalter legt sich. Heimat, das ist die Füße auf den Tisch, in den Uterus zurück. Die Augen in das Weiße richten. Heimat, das ist in der Nase bohren, das Gefühl nur ganz für sich. Wir fasten, denken, suchen einen Halt. Die Einbildung fliegt weg und gaukelt Krakeelen durch die Lüfte. Zwei Wochen Altaussee, zwei Wochen lang nichts essen. Eingefallen das Gesicht, die Glieder kabeldünn, so lautet die Empfindung, da kann man sagen, was man will. Die Nasen werden größer, groß, wachsen aus sich selbst heraus. Wie Gebirgsrücken brechen sie hervor, bestimmen alles. Ähnliches geschieht den Augen, aus dem Schwarm gefischt, plötzlich Scheuerlappen, sternenhimmelklar. Zu Hause ist man dort, wo etwas geschehen ist. Dumpf. Ich erinnere mich. Da kann man sagen, was man will, das Typische an Österreich ist am Geschmack ein Widerlich. Der Ungeschmack, da kann man sagen, was man will. Bei der Sitzgelegenheit, beim Polsterüberzug. Anstatt der Blümchen falsche Meier-Farben, Glaubersalz, Gulaschkombination. Aber deswegen ist es doch nicht schlecht. Dich wundert, daß die Leute soviel essen, alles paniert ist, Fleisch und Fisch und Knödel, sind die Österreicher borniert, nur heißt es überbacken. Da sind die Dicken, Sparpaket, Menschen, die Probleme haben. Eine Frau, die niemals zum Orgasmus kommt. Spangestellt. Aber doch nicht provinziell. Menschen wie Großglockner und Mozartkugeln. Da kann man sagen, was man will, das Typische an Österreich ist das Schlechte an Geschmack. Fastentag. Als ob ein Vorhang aus dem Leben weggezogen wäre, und erst jetzt das Eigentlich zum Stehen käme. Böllerschüsse durch den Bauch. Österreich fehlt Horizont. Und Du hast hier den Eindruck, daß Du in einem Kochtopf sitzt? Was Dir fehlt, ist Sinnlichkeit, Erotik, Licht und Farben? Alles Holzschnitt, slawisch Schwarzweiß, langweilig, plump und knödelig? Alles ist so Semmel hier? Deinem Gefühl, die Österreicher sind aus Semmelknödeln gebaut, Semmelknödeln, die Du ausstreckst, wie Du sie brauchst, vertraut man nicht. Und die hungernden Sinne verzerren das Wieder. Die Kleidung ländlich, lächerlich, sackweise aus der Natur gekippt. Der Mann ist keine Frau, benimmt sich so. Carla und Franzobel. Die Augen fahren ineinander, Strichfrisur, am Boden liegt o.b. eine kleine Leberwurst. Benutzt. Körperlichkeit und Sensibilität eines Semmelknödels. Der Mann ist keine Frau. Sie weiß das auch. Eingefallen das Gesicht, die Glieder kabeldünn, so lautet die Empfindung, da kann man sagen, was man will. Im Fernsehen die Dicken, Sparpaket, Menschen, die Probleme haben. Sie riecht das auch. Die Schlacke. Altaussee ist eine einzige Kloake. Heilfaster reichen sich die Klinke zum Entleerungstag. Von allher kommen die Gedärme, sich melancholisch auszuweinen. Aus der ganzen Welt. Österreich erstickt darin. Wir wollen keinen Sauerkrautsaft mehr trinken. Uns reicht der Trommelwirbel Darm. Schon Shakespeare sagte, laßt dicke Männer um mich sein, denn die schlafen gut und besitzen keine Zeit, ihren Gedanken nachzusinnen. Hunger und einen Apfel sehen. Es wird kein Unterschied gemacht. Kochen um hineinzubeißen. Alle Schiffe lassen die Sirenen, alle Lokomotiven pfeifen, auch alle Züge auf der Fahrt, alle Fabrikssirenen sind in Tätigkeit, Autos hupen, etwas bimmelt und die Leute haben Hämmer und schlagen damit Lichtmaste. Man versteht sein Wort nicht mehr, ein Hausmeisterverein. Wir aber essen wieder.

Christian Hutzinger

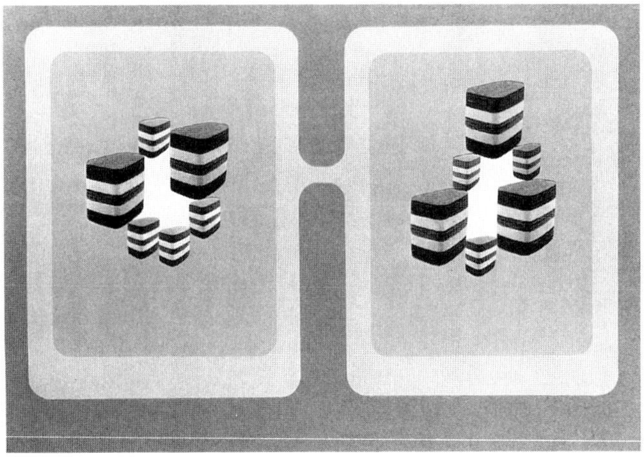

Christian Hutzinger
Collage, 1990, Velour, Folie, Foto/Karton, 28 x 40 cm

Christian Hutzinger
Scherenschnitte/Installation, 1993, Galerie Eboran, Salzburg

Christian Hutzinger
Wandzeitung/Resa und Christian, 1994, museum in progress/MAK, Wien

Christian Hutzinger
Strauß/Gesteck, 1995, Höhe: 60 cm, Rom

kurze texte zu sieben wörtern von christian hutzinger *(ausgesucht von judith fischer)*

blind . mild . genau . klein . langsam . müde . zerstreut

Eine Wandmalerei / Mach hat selber gezeichnet / es ist aber nicht an die Wand gekommen. / Die Perspektive muß in allen Bewegungen elastisch sein um / die Anforderungen an der Wand / entgegenzustellen. // Es wird an der Wand wenn / es nicht Platz ist an der Tafel / gemalt und das nennt man / eine Wandmalerei. // Die Wandmalerei ist extrem / zu einem Maurer der auch / schöne Bilder entwirft; - / Auf der Wand wird die Malerei / von Malern, und auch freien / Künstlern gemacht und geborstet.[1]

...

Aussicht auf den Kahlenberg: // Wenn man so spazieren geht gehen die / Bäume aneinander vorbei. Sie werfen / ein schönes Bild von der Landschaft / Mehrere Steine sind auf den Straßen / und so infiltriert sich der Weg / Sonne ist hoch und scheint gerade / auf das Fenster wo ein Haus ist / Haus ist Hauser. Es ist gerade / Samstag und einsichtig kann / mann den Arbeitssonntag noch / vor der Tür. Das Ganze heißt / Kahlenberg und im Scheine sieht man weiter und die / Ansicht nach dem Heim zu kommen / charakterisiert den ganzen Gang.[2]

...

Nicolas hockte sich auf eine von Reispuder geweißte Matte aus Reisstroh. Er zückte sein Zigarettenetui, wählte eine mit dem Bildnis des Mikado, zündete sie an und sah ein blaues Kleid aus Rauch über die Deckenmalereien aus gelben Teichen und Flüssen schweben. Wie die Blume einer ruhenden Vase entstieg seinem Körper ein irgendwie baudelairsches Haupt. Beim Ausatmen hatte er die makellos runden Wangen einer Frau. Und seine Augen hatten die Farbe des Rauches.[3]

...

Der Jäger seinerseits dachte ebenfalls oft an das blinde Hirschkälbchen, das er geheilt hatte. In einer Regennacht saß er in seinem Zimmer und las, höchst zufrieden, weil er soeben das Strohdach befestigt hatte, so daß es nicht mehr hineinregnen konnte; er las also gerade, als er hörte, daß man ihn rief. Er öffnete die Tür und sah das Hirschkälbchen, das ihm ein ganz und gar durchnäßtes kleines Bündel Reiherfedern brachte.

Der Jäger brach in Lachen aus, und das Hirschkälbchen, das sich schämte, weil es glaubte, der Jäger lache über sein armseliges Geschenk, ging sehr traurig davon. Es suchte nun sehr große, schon trockene und saubere Federn und kehrte mit ihnen eine Woche später zurück, und diesmal lachte der Mann, der mehr aus Zärtlichkeit gelacht hatte, nicht, denn das Hirschkälbchen verstand das Lachen nicht. Statt dessen schenkte er ihm ein Bambusrohr voll Honig, welches das Hirschkälbchen wie toll vor Freude an sich nahm.[4]

...

I/ch falle in einen tiefen Schlaf, i/ch falle in einen Brunnen voller Düfte, m/eine Lider sind über m/eine Augen gesenkt, i/ch falle in einen Tiefschlaf, in dem m/eine Erinnerung erloschen ist.[5]

1 Edmund Mach: Triumph des Schockens. Baden bei Wien: Grasl 1994. S. 90

2 Edmund Mach: Triumph des Schockens. Baden bei Wien: Grasl 1994. S. 12

3 Joseph Delteil: An den Ufern des Amur. Stuttgart: Klett-Cotta 1988 (orig. 1922). S. 51

4 Horacio Quiroga: Geschichten von Liebe, Irrsinn und Tod. Frankfurt: Suhrkamp 1986 (Orig. 1926). Das blinde Hirschkälbchen: S. 173 / 174

5 Monique Wittig: aus deinen zehntausend Augen Sappho. Berlin: Amazonen Frauenverlag 1984 (Orig. 1973). S. 115

INSTINCT ▸domain ◎ beyond logic

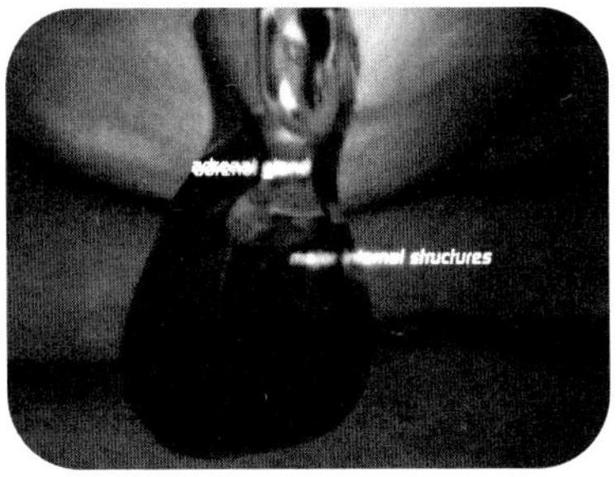

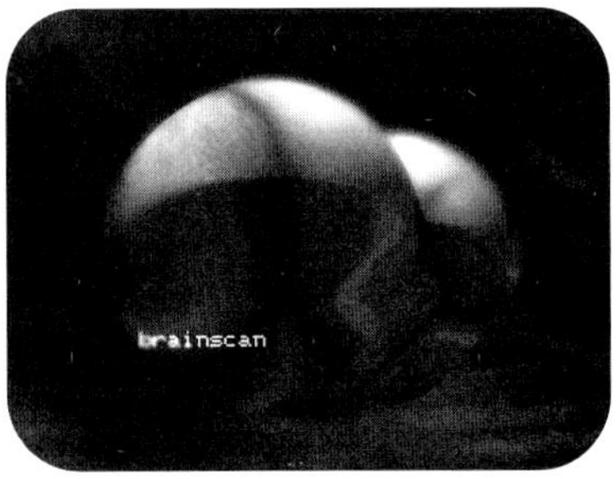

Instinct Domain
Signation, Videostills, 1995

Content Dispenser® (Prototype)

Der Content Dispenser® ist ein Dienstleistungsautomat für den öffentlichen Raum. Da das Gerät unabhängig von Medien- und Technologiekonzernen einsatzfähig ist, können mit dem Content Dispenser® auch sperrige Informationen in medial überversorgten Gebieten zur Verfügung gestellt werden. Als eine Art öffentliche Informationszapfsäule zeichnet sich der Content Dispenser® vor allem durch ein garantiert unverschlüsseltes und kostenloses Informationsangebot aus. Aufbauend auf dem Grundkonzept von Instinct Domain wurde von EOOS ein Content Dispenser® Prototyp für vier Personen entworfen, der ein unverwechselbares Zeichen für eine spezifische Dienstleistung repräsentiert. Für Demonstrationszwecke wurde von Instinct Domain ein Inhalt mit dem Titel «Das Digitale Schlaraffenland» produziert. Im Rahmen der Ausstellung wird der Content Dispenser® in unregelmäßigen Abständen mit neuen Inhalten ausgestattet. *Der Inhalt:* Ausgehend von Günter Anders' Beschreibung des Lebens in einem «technologischen Schlaraffenland» beschäftigte sich Instinct Domain mit der Frage, durch welche spezifischen Verfallserscheinungen ein «Digitales Schlaraffenland» sich früher oder später auszeichnen müßte. Da digitale Speichermedien bislang noch absolute Unvergänglichkeit symbolisieren, mußte im konkreten Fall mit künstlich generierter Fäulnis experimentiert werden: Während vier Wissenschafter sich den Randerscheinungen eines «Digitalen Schlaraffenlandes» annähern, verrottet das dazugehörige digitale Videobild allmählich von selbst. Innerhalb weniger Minuten verschwinden somit insgesamt 6 Stunden gefilmtes Bildmaterial gänzlich von der Bildfläche. Der zuvor mit Grafiken, Textmaterial und Animationen hochangereicherte und komprimierte Inhalt löst sich auf den Bildschirmen des Content Dispenser® in seine Bestandteile auf. *Folgende Wissenschafter haben*

The Content Dispenser® is a service machine for public spaces. It operates independent of media and technology corporations so even bulky information can be made available in media-glut areas via the Content Dispenser®. A type of public information pump, the Content Dispenser® is specially useful as it guarantees a supply of uncoded information free of charge. On the basis of the concept developed by Instinct Domain, EOOS has designed a Content Dispenser® prototype for four persons that stands for a distinct kind of specific service. Instinct Domain has produced content under the title «Digital Cockaigne» for demonstration purposes. In the course of the exhibition, new content will be fed into the Content Dispenser® at irregular intervals. Current Content: *On the basis of Günter Anders's description of life in a «Cockaigne of technology», Instinct Domain looked at the question as to what specific manifestations of decay would sooner or later be experienced in a «Digital Cockaigne». As digital storage media have to date symbolized absolute imperishability, experiments with artificially generated putrefaction had to be carried out in this case: while four scientists approach phenomena on the margins of the «Digital Cockaigne», the pertinent digital video image gradually rots away by itself. Within a few minutes, a total of 6 hours of filmed images disappear completely. The condensed content that had previously been rich in graphics, texts and animations*

am Inhalt «Das Digitale Schlaraffenland» mitgewirkt: Johannes Domsich (Universität Wien), Konrad Paul Liessmann (Universität Wien), Friedrich Kittler (Humboldt Universität Berlin), Christian Simhandl (Psychiatrische Univ. Klinik Wien). *Musik:* Kim Pil-Jung. *«Information to take away»:* Der Inhalt «Das Digitale Schlaraffenland» aus dem Content Dispenser® kann als Videotape erworben werden und steht damit auch für die Einzel-Konsumation zur Verfügung. Instinct Domain «Die neue Welt funktioniert tatsächlich nach den Modellen der ‚Natur'-Wissenschaft. In einer solchen Welt der Maschinen soll die Zukunft eindeutig und berechenbar, der Zufall ausgeschaltet, die Zeit linear, der Raum homogen, das Ganze meßbar sein.»[1] Insbesondere die von Technologien erzeugten Unberechenbarkeiten sind die Rohstoffe von Instinct Domain. Der Verein wurde 1995 gegründet und widmet sich u.a. der Erfoschung von modernen Riten sowie der Beschäftigung mit Instinkten, die für einen hochtechnologisierten Alltag von Bedeutung sein könnten. *Instinct Domain arbeitet zur Zeit auf den folgenden vier Ebenen: • Instinct Brain* – Planung und Durchführung von empirischen Instinkt-Forschungsprojekten. • *Instinct Realities* – Ermöglichung von nicht-automatisierten Erfahrungen jeglicher Art. • *Instinct Tools* – Entwicklung von Service-Geräten und Dienstleistungen für einen volltechnologisierten Alltag. • *Instinct Navigation* – Sicherung von technologischer Vielfalt. Dolmetschtätigkeit zwischen analogen und digitalen Öffentlichkeiten.

1 *Klagenfurt, K., Technologische Zivilisation und transklassiche Logik, suhrkamp taschenbuch wissenschaft, Frankfurt am Main 1995.*

disintegrates on the Content Dispenser® screens. The following scientists collaborated in the content of the «Digital Cockaigne»: *Johannes Domsich (Vienna University), Konrad Paul Liessmann (Vienna University), Friedrich Kittler (Humboldt University, Berlin), Christian Simhandl (University Hospital for Psychiatry, Vienna).* Music: *Kim Pil-Jung.* Take-Away Information: *The content of «Digital Cockaigne» from the Content Dispenser® is also available on videotape and can thus also be viewed in the privacy of your home.* Instinct Domain *«The new world actually functions according to the models of «natural» science. In such a world of machines, the future is to be unambiguous and calculable, chance events are to be ruled out, time is to be linear, space homogeneous, everything measurable.»*[1] *The imponderabilities created by technology are the raw materials used by Instinct Domain. The association, founded in 1995, i.a. explores modern rites and deals with instincts, which can be important in high-tech everyday life.* Instinct Domain is currently working on the following four levels: • Instinct Brain – *Planning and implementing empirical instinct research projects.* • Instinct Realities – *Enabling non-automated experiences of all kinds.* • Instinct Tools – *Development of service equipment and services for everyday life dominated by technology.* • Instinct Navigation – *Ensuring technological diversity. Mediation between analogue and digital public spheres.*

1 Klagenfurt, K., Technologische Zivilisation und transklassische Logik, suhrkamp taschenbuch wissenschaft, Frankfurt am Main 1995.

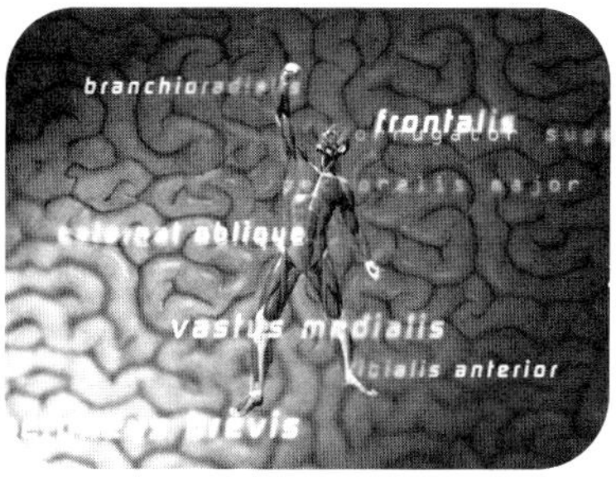

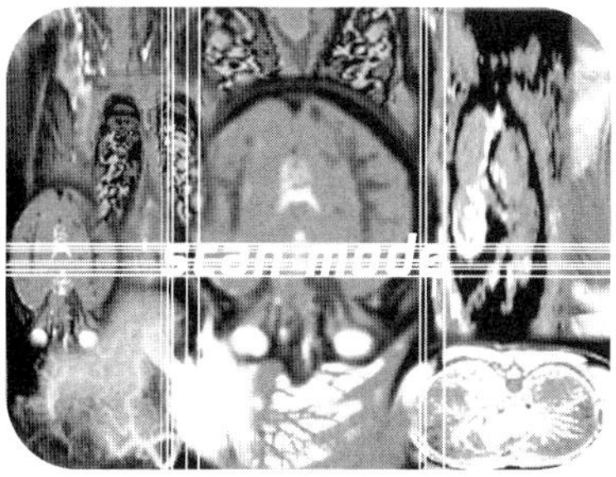

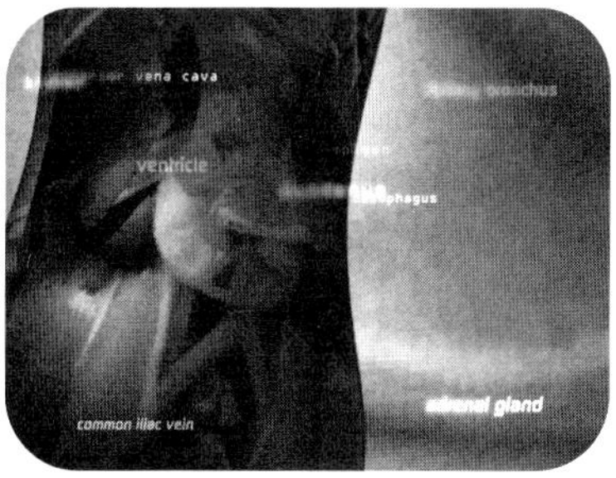

Instinct Domain
Signation, Videostills, 1995

ronda zheng
«concrete visions - somut öngörüler», Anarat Higutyun Rahibeleri Okulu, Istanbul

ronda kann ich bilder bringen farbkopien, darauf hat sie eine perlmutthaut platinblondes haar und beißt eine kirsche.
und ronda lebt in allen bildern überall in allen möglichkeiten.
über ronda reden schon ist sie präsent und hier und deutlich da.
ronda schutzschild kontinent. zeit person oben an der spitze des dreiecks. sicht nach vorne und hinaus. ronda mit dem z wie zukunft und dem stummen h.

judith fischer

«Ein Tag im Leben von ...»
(«Petra», Nr. 6, 1994»)

Wenn du morgens aufwachst ...
Ob die Sonne den Kampf gegen den Nebel gewinnen wird, steht noch nicht fest. Ronda denkt an den Abgabetermin ihres Katalogtextes, während sie ihre Endlosbeine gemächlich aus dem zwar breiten, aber derzeit nur von ihr allein genutzten Doppelbett baumeln läßt. Die Künstlerin duscht. Stirnrunzelnd betrachtet sie ihre Hüften. Ronda Zheng fährt durch die tristen Wiener Randbezirke in ihr Studio. Sie ist freischaffende Künstlerin. Dieses Jahr ist sie artist in residence des Wiener Künstlerprogramms. Dadurch ist ihre finanzielle Situation für dieses Jahr geregelt. Sie hört den Anrufbeantworter ab und sortiert die Faxe. Arbeit im Atelier bedeutet für sie äußerste Konzentration, aber auch harte Auseinandersetzung. Ihre Galeristin hat ihre Vorstellung von Kunst, sie hat ihre eigene. Ein schmaler Grat, viel Überzeugungsarbeit. Der Lunch fällt aus, weil für 13.30 Uhr der nächste Termin angesetzt ist. 14.00 Uhr. Ronda Zheng hat es nicht ganz geschafft. Sie hat erst eine vage Vorstellung ihres nächsten Ausstellungsprojektes. In Wien ist immer rush-hour. Aber der Kurator hat geduldig gewartet. Offensichtlich liegt ihm besonders viel an ihr. Die Besprechung zieht sich bis spätnachmittags hin. Ronda Zheng redet wie ein Wasserfall, privat wie im Beruf. Der Kurator wird zunehmend ungeduldig. Nach drei Tassen Espresso und zwei Gläsern Wein will er endlich zu einem Ergebnis kommen. Wieder und wieder besprechen sie das Ausstellungskonzept durch. Aber Konvention war noch nie ihr Ding ... Ronda kommt erst gegen 17 Uhr in ihr Atelier zurück, will noch ein wenig an ihrer neuen Arbeit feilen. Abends nimmt sie einige Çevapçiçi zu sich. 19.30 Uhr – ihre Freundin und Lieblingskritikerin holt sie ab. Heute sind zwei wichtige Ausstellungseröffnungen. Lauter bekannte Gesichter. Sie setzt ihr undurchdringliches Mona Lisa-Lächeln auf, drückt Dutzende von Händen. Es ist ja alles so easy geworden. Wie ging das nur los? ...

Ronda Zheng bei der Handleserin, Auszüge aus dem Video
«Neulich bei Frau Novak»
... Sie sind sehr, kann ma sagen, sehr empfindlich. Dann sind sie sehr ausgeprägt, also künstlerische Ausprägung haben sie, in dieser Hand, da weniger. Dann können sie ein bißchen ... ein bisserl streiten können's schon ... (lacht) ... Und hier kann ma sagen, hier werden sie beruflich ihnen, beruflich werden sie sich durchsetzen, sie werden ihnen durchsetzen. Es gibt Schwierigkeiten, ja – aber sie werden sich sehr durchsetzen, weil sie haben da einen ... einen Stern haben sie da – der darf hier sein, einen Stern, da werden sie sich einmal einen Namen machen mit irgendetwas ... mit einer Arbeit oder was, ja ... aber später erst ...

Ronda Zheng
«desiring authors – enveloping myths»,
Bernard Toale gallery, Boston

«Calls for Ronda Zheng», March/April 1995,
R. Z.: «Hi! this is Ronda Zheng, I'm not at home at the moment, if you want to leave a message, please speak after the beep and I try to call you back.»

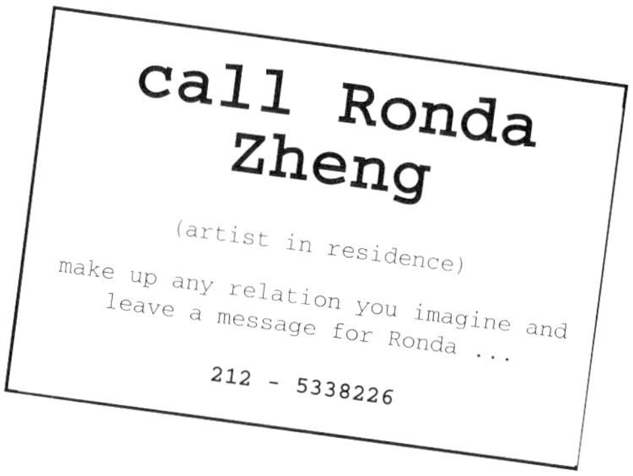

«Hi Ronda, this is Herman. I've been waiting for you for an hour'ehem; we're here in this pub; you probably forgot about the appointment; I'll call you back, bye.»
: «Ronda ... if you want we could go to the theatre, we did'nt do that quite a while. We could eat something into the show, but I think it's getting a little late if we wonna go to the theatre. Or we could see a movie tonight, or a play tomorrow night, how does that grab you. You see that I'm trying to be more cultural with you, because I know that it is good for me. I know that now. I know that you gonna have your freedom too, because you are an artist. I believe in you, I wonna say that again, because it's the god damm truth I think you gonna be famous one day, and I don't want to stand in your way either. I only wonna help you. I love you, so I've gotta help you, right? Am I right or wrong? Tell me. Am I?»
: «Hi Ronda. You know it's me. You know, I'm back in town, you know. So. ahm ... no longer in the business would be just your business, you know ... so getting money will be harder ... so I'm back – me – the black stain on your career, you know, so remember, remember that ahm, opportunity you gave me, you know, that fucking opportunity, you know, ahm. But Ronda, you know, you won't get any money in this town, you know, I'm back in business, so stand up and fight, if you want, and if you don't want, get down were I've been, you know, O.K. Ronda. So, I wonna see you but – maybe ahm you hear from me O.K. ha, ha, ha.»
: «This is a message for Ronda, I mean – you fucking bitch, I mean – what do you think you are? I've been waiting for an hour, there's no reason that you didn't show up. I mean – what do you think how I'm able to move all that stuff from the studio? That's also your fucking stuff, I'm really pissed and you better look for another partner. Bye.»
: «Hi Ronda this is Hermann. I just meet Jack here and he says you're at home, so would you please pick up the fucking phone? I know you are there ... come on ... O.K. well fuck you.»

Rainer Fuchs

«Information»

Die im folgenden vorgestellten Positionen bzw. für die Ausstellung ausgewählten und produzierten Arbeiten umreißen nicht per se einen in sich geschlossenen thematischen Block, sondern werden hier in unterschiedlichen Bezügen zum Thema Mediatisierung und deren Konnotationen Information und Macht, Virtualität und Künstlichkeit sowie Interaktivität und Manipulation betrachtet. Den Ausgangspunkt dafür bildet eine mit dem Begriff «coming up» signalisierte Informationsmaschinerie, die mit perfektionierter Suggestion zwischen eigenen Interessen und kollektiven Ansprüchen zu taktieren weiß. So stellt innerhalb dieses Begriffsrahmens die Korrelation zwischen Medieninformation und Erbinformation im Kontext der Macht der Konzerne (Thomas Feuerstein) beispielsweise eine Facette dar. Feuersteins Arbeit «Eugen» liest sich im Kontext der Ausstellung als ein «coming up» der Gentechnologie und ihrer Korrektur- und Manipulationsmöglichkeiten. Die malerische Umsetzung fotografischer Vorlagen, die unter anderem Szenen der Gewalt zeigen (Maja Vukoje), das Sampeln von bereits medial aufbereiteten Bildern und Botschaften in einer Malerei, die die Suggestionsmacht der Medien ironisiert (Andreas Holzknecht), weiters die Thematisierung des amerikanischen Westerns, der geschlechtsspezifische Rollenspiele zwischen männlicher Macht und weiblicher Ohnmacht in schönen Bildern scheinbar harmonisiert (Richard Hoeck), bezeichnen weitere, hier vorerst nur angedeutete Positionen, in denen die Konvergenz von Mediatisierung und Machtstrukturen – so die Unterstellung – auf unterschiedliche Weisen zur Darstellung gelangen bzw. transparent gemacht werden.

Mediatisierung beinhaltet meist auch die Vorstellung der Penetration und Verfälschung des Mediatisierten, das dadurch als ein ursprünglich Intaktes und medial Unverhülltes gedacht wird. Daß das solcherart idealisierte Nicht-Mediatisierte jedoch seinerseits eine Fiktion sein kann, die selbst schon medial vermittelt ist, umschreibt eine Zirkularität, die zur analytischen Betrachtung durch künstlerische Verfahren herausfordert bzw. zu einzelnen Arbeiten in Beziehung gesetzt werden kann. Die Natur und der menschliche Körper sind dabei die zentralen Bezugsthemen, an denen sich die Polarität zwischen regressiv ahistorischen Idealisierungen und kulturell-politischen Codierungen fixieren bzw. hinterfragen läßt. Die Vorstellung von der künstlichen Natur bzw. der Natürlichkeit des Künstlichen im Medienzeitalter läßt sich im Rahmen der ausgewählten Arbeiten sowohl auf die Identitätsproblematik des menschlichen Körpers (Feuerstein) beziehen, bzw. auf seine Simulakren

Rainer Fuchs

«Information»

The artists and their works selected and produced for this exhibition, as well as their positions introduced in the following, do not constitute, *per se*, an independent, self-contained topic; rather, they are presented in their different relations to the subject of media and its manifold connotations, such as information and power, virtuality and artificiality, interactivity and manipulation. The starting point is an information industry associated with the term «coming up» which is capable of practically weighing, by means of a perfected suggestive capacity, ist own interests against collective claims. One facet, for instance, is the correlation between media information and genetic information in the context of corporate power (Thomas Feuerstein). Feuerstein's work entitled «Eugen» can be interpreted, in the context of the exhibition, as a «coming up» of genetic engineering and its corrective and manipulative functions. Other approaches taken by the artists of this exhibition involve paintings done on the basis of photographies showing, *inter alia*, scenes of violence (Maja Vukoje), and the sampling of media imagery and messages in a painting style which takes an ironic look at the suggestive power of media (Andreas Holzknecht); another artist (Richard Hoeck) presented here deals with the genre of American Western movies which seem to harmonize, under the guise of beautiful images, gender-specific role plays about male power and female powerlessness. These and the other artists express, and shed light on, the convergence of media and power structures in different ways.

The media concept comprises, in most cases, the penetration and distortion of that which is presented and affected by the media, making it appear as something which was originally intact and left uncovered the media. The fact that whatever is idealized as not being media-affected can itself be a fiction which has already been conveyed by the media results in a circularity which encourages analytical observations by artistic processes, and which can also be related to individual works. Nature, and the human body as one of its components, are the core topics used to determine and scrutinize the polarity between regressively unhistorical idealizations and cultural and political codes. The notion of artificial nature or the naturalness of artificiality in the media age can be related, by means of the works selected, to the identity problem of the human body (Feuerstein), or its simulacra (Herwig Weiser), or to nature itself, being a reality to be frozen into individual pictures and reanimated by certain devices (Siegrun Appelt).

(Herwig Weiser), wie auch auf die Natur selbst als eine in Bildern einfrierbare Realität, die sich apparativ reanimieren läßt (Siegrun Appelt).

Daß Meditatisierung kein Einbahnsystem ist, sondern auf das Feed back ihrer Konsumenten angewiesen ist, um auch effizient zu funktionieren, sollte zum einen vor einäugigen Verschwörungstheorien bewahren, ist zum anderen als Faktum aber auch kein Grund dafür, sich voreilig einer medienkritischen Haltung zu begeben bzw. diesen Status der Interaktion einfach fatalistisch hinzunehmen. Die Frage, wie man seinerseits am Konsumierten Veränderungen für das weitere Konsumverhalten anderer vornimmt, ist zwar an sich alt, gewinnt aber im Zusammenhang von mediatisierten Kommunikations- und Interaktionsformen neue Brisanz, u.a. durch eine Fülle neuer Möglichkeiten, über seine eigene Identität zu verfügen. Spielformen scheinen dabei besondere Präferenz zu besitzen, weil sie auch als probate Mittel der Tarnung und des quasi folgelosen und korrigierbaren Experiments Variabilität ermöglichen und damit die Optimierung der eigenen Gewinnchancen gewährleisten. Hinter den belustigenden Aspekten des Spiels scheint sich also auch ein auf diffizilere Verhältnisse auf dem Meinungsmarkt mit seiner vielzitierten und umkämpften Definitionsmacht abgestimmtes Kalkül zu verbergen. Daß die in der Schau zu sehenden Arbeiten, die sich auf den Themenrahmen Interaktion und Kommunikation beziehen, nicht ausgewählt wurden, um diese Behauptung zu illustrieren, sei hier nur der Ergänzung halber angeführt. Und daß Interaktivität ein nicht auf bestimmte Medien eingrenzbares Phänomen ist bzw. daß damit sowohl Spielsituationen innerhalb einer sich der Repräsentation entziehenden Kunst (Eva Grubinger), wie auch die Aktivierung der Rezipientenrolle durch Malerei gemeint sein kann (Thomas Jocher), sollte innerhalb der Schau recherchierbar sein.

Siegrun Appelt

Siegrun Appelt wählt für ihre Fotoarbeiten Motive, denen das Transitorische, Flüchtige und Instabile eigen ist. Asche, textile Draperien und Wolkengebilde sind trotz all ihrer Unvergleichbarkeit solche Grundmaterialien des Instabilen und damit Indikatoren permanenter Modulationen und fragiler Präsenz. Appelt treibt mit der Kamera das Spiel der Veränderungen des an sich Veränderlichen weiter. Ausschnitthaftigkeit und Vergrößerung leisten einer Abstraktion und Verfremdung ebenso Vorschub wie die Entbindung vom Medium Fotografie und die Übersetzung der Motive in objekthafte Lichtkästen, ornamentale Tapetenmuster oder Diaprojektionen. Die Entgrenzung eindeutiger Lesbarkeiten und der bewußt inszenierte Verrat an den Motiven, die dem Verkennen preisgegeben werden, schaffen eine Korrelation zwischen den Eigenschaften der ausgewählten Motive und den manipulativen Eigenschaften der Fotografie. Das Medium Fotografie unterliegt selbst mannigfachen Abwandlungen ins Grafische und Malerische. So scheinen sich beispielsweise die Fotografien textiler Strukturen, wie sie Appelt vor kurzem in einer Werkserie dargestellt hat, mitunter in erotisch besetzte Körperbilder zu verwandeln.

Siegrun Appelt
Clouds, 1996, Colour-print/Alu, 150 x 225 cm

The fact that media power is no one-way system, but depends on the feedback of its consumers in order to function efficiently should be a safeguard against one-sided theories of conspiracy, but it is no excuse for prematurely adopting a critical attitude towards the media or for resigning oneself, in a fatalistic manner, to this status of interaction. The question of how individuals can change what they consume to alter the consumption of others is not a new one, but considering the types of communication and interaction found in today's media this question has become quite topical, especially when thinking about in how many different ways we can use our identity. Games seem to be preferabe for this purpose, since they allow for variability when it comes to concealing and care-free experimenting, thereby ensuring optimum chances of success. Behind their humorous façade, games appear to hide calculating considerations adapted to the more difficult situation on the opinion market with its much-quoted and sought-after power of definition. It should only be mentioned in passing that the works presented in this show dealing with the subjects of interaction and communication were not selected to fuel this speculation. The exhibition intends to explain that interactivity is not a phenomenon restricted to certain media and that it can encompass game situations within an art eluding representation (Eva Grubinger), as well as the activation of the recipient's role in and through painting (Thomas Jocher).

Siegrun Appelt

For her photographies, Siegrun Appelt selects motifs having a transitory, fleeting and unstable character. Ash, textile draperies and cloud formations, despite their considerable differences, are such basic unstable materials and thus indicators of permanent modulation and fragile presence. With her camera, Appelt develops a game of changes with what is, by its very nature, changeable. Cut-outs and enlargements enhance abstraction and alienation, as do the incorporation of photography and the transformation of motifs into object-like light boxes, ornamental wall paper patterns, and slide projections. In leaving room for ambiguity and deliberately betraying motifs which lend themselves to misinterpretation, she creates a correlation between the qualities of the motifs selected and the manipulative features of photography. The medium of photography is subject to a great many graphical and painterly variations. The photographies of textile structures, for instance, which Appelt recently presented in a series of works, occasionally seem to change into erotically connoted pictures of the body.

In her work with cloud motifs, the artist continues her analysis of transitoriness and permanent mutations in order to simulate, in the work itself, motion as something which appears to be a film-like sequence. The clouds photographed at intervals are successively projected in a dark room. Since the transition between individual projections is hardly noticed due to fading, the viewer's impression is that of clouds passing by in an endless, changing stream. Since the fading phases eclipse the real-time intervals between individual

Siegrun Appelt
Clouds, 1996, Colour-print/Alu, 150 x 225 cm

Siegrun Appelt
Ohne Titel, 1992, SW-print, Bodenarbeit (Asche), 3-teilig, je 140 x 90 cm

In ihrer Arbeit mit Wolkenmotiven führt die Künstlerin ihre Untersuchung des Veränderlichen und der permanenten Mutationen fort, um zugleich im Werk selbst Bewegung als scheinbar filmischen Ablauf zu simulieren. Die in zeitlichen Abständen fotografierten Wolkenmotive werden in einem abgedunkelten Raum sukzessive projiziert. Da die einzelnen Projektionen durch Überblendungen fast unmerklich einander ablösen und ineinander übergehen, ergibt sich der Eindruck kontinuierlich dahinziehender und sich dabei verändernder Wolkenformationen. Weil die Überblendungsphasen im Grund die realzeitlichen Intervalle zwischen den einzelnen Aufnahmen aber ausblenden und das zeitlich Getrennte quasi kurzschließen, entsteht de facto eine Zeitraffung, die in der Betrachtung jedoch als zeitliche Dehnung wahrgenommen wird. Zwar sind Wolken ein Motiv, das Verwandlung anzeigt und suggeriert, doch ist Bewegung hier letztlich eine Funktion der manipulativen Möglichkeiten der Apparate, die mittels luminarer Motorik das statische Lichtbild scheinbar beleben. Das hier inszenierte Leben beruht also auf einer apparativ gesteuerten Dramaturgie durch Schnitte und deren Überblendung. Appelt bestimmt sowohl die Auswahl als auch den Ablauf der Motive, sie greift damit auch regulierend in die von den Wolkenbildern in der Betrachtung möglicherweise evozierten Stimmungswerte und Emotionen ein. Doch gerade die kalkulierte Verarbeitung eines stimmungsträchtigen Sujets sollte davor bewahren, diese Wolkenbilder als Ansichtskartenidyllen zu verkennen. Daß Gegenstände und deren Abbilder generell als Projektions- und Erinnerungsflächen für persönliche und emotionale Anliegen fungieren und daß die projizierten Wolkenbilder von sich aus ihr Licht in den Raum zu werfen scheinen, leistet bewußt der assoziativen Vertauschung des Bildes mit seinem natürlichen Vorbild Vorschub. Doch letztlich ist diese «Vertauschung» selbst das Ergebnis konstruierter Regie und die Künstlichkeit die wahre Natur des Bildes. Die apparativ reanimierte Natur wird als Medienereignis erkennbar und stellt die Wahrnehmung und den Begriff von Natur als längst selbst nur mehr in medialen Verwertungszusammenhängen erfahrbare Phänomene vor Augen.

Thomas Feuerstein

Das Leben und Handeln in mediatisierten Wahrnehmungs- und Diskursfeldern als alltägliche Gegebenheit bildet einen der Ausgangspunkte für Thomas Feuersteins Arbeiten. Indem der Künstler bereits vorhandene Daten und Transfersysteme benutzt, wie sie im Wissenschaftsbetrieb sowie im Wirtschaftsgeschehen und in der Informationsindustrie verwendet werden, wirft er implizit die Frage auf, ob und wie eine kritisch distanzierte Analyse von Medienfunktionen in einem System omnipräsenter Mediatisierung überhaupt möglich ist, ohne dieser Mediatisierung zu erliegen bzw. sie einfach fortzuschreiben.

Für die Wiener Ausstellung entwickelte Feuerstein ein Projekt mit dem Titel «Eugen», in welchem er das Aktivieren von Datennetzen mit dem Einschleusen eigener Informationen in vorhandene Datenbanken verbindet. Die

photographies, short-circuiting, as it were, what is temporally separated, the result is in fact a quick motion which, however, is perceived by the viewer to be stretched in time. While clouds are a motif indicating transformation, movement is indeed a function of the manipulative power of machines which appear to animate the static slide by means of luminous motions. Life as it is presented here is therefore based on a dramaturgy controlled by machines, featuring cutting, editing and fading techniques. Appelt determines the selection and the sequence of motifs, thereby controlling, and interfering in, the atmosphere and the emotions possibly evoked by viewing the cloud patterns. This calculated processing of a subject fraught with emotions prevents us from misinterpreting these cloud formations as idyllic postcard motifs. The fact that objects and their representation generally act as projections and memories of personal and emotional concerns, and that the projected cloud patterns seem to disperse their light in the room themselves deliberately promotes the associative confusion of the picture with its natural model. This «confusion» is, in fact, the desired result of a directing process, and artificiality the true nature of the picture. Nature re-animated by means of machines is recognizable as a media event, suggesting that the perception and the concept of nature are phenomena which can only be grasped in a media context.

Siegrun Appelt
Ohne Titel, 1995/96, SW-print, 180 x 124 cm

Thomas Feuerstein

Thomas Feuerstein's works focus, *inter alia*, on day-to-day living and acting in media-affected realms of perception and discourse. By using existing data and transfer systems employed in science, business and the information industry, the artist implicitly raises questions as to whether (and how) a critical analysis of media functions in a system of media omnipresence is possible without falling prey to, or simply perpetuating, this omnipresence.

For the Vienna exhibition, Feuerstein developed a project entitled «Eugen» in which he combines the activation of data networks with the channelling of his own information into existing data bases. The information provided by the artist is his own genetic information, and the system used for this purpose is the California Cryobank, an institute for reproductive medicine where frozen sperm and egg cells are stored for subsequent commercial distribution. Genetic engineering, which has thus become the indirect topic of his project, appears as the most current and existential form of information transfer with manipulative and corrective intentions. With reproductive medicine and genetic engineering looming large on the horizon, genetic information and information as a knowledge transfer produced and communicated by the media have long become correlating phenomena. They no longer represent the polarity between a genuine natural condition and a constructed message, but they are combined into packaged goods, stored in the networks of human biological factories.

California Cryobank, Kundenbroschüre für tiefgekühlte Samenspenden

There is a wide range of telematic or artificially extended bodies, offering everything from a free choice of identity in a (sometimes erotically connoted)

California Cryobank, Home collection kit

dabei vom Künstler abgegebene Information ist die eigene genetische Erbinformation und das dafür benutzte System ist die California Cryobank, ein Institut, das sich der Reproduktionsmedizin widmet und Samen- und Eizellen tiefgekühlt lagert und kommerziell vertreibt. Die damit indirekt zum Thema erhobene Gentechnologie erscheint als die aktuellste und existenziellste Form von Informationstransfer mit manipulativen und korrektiven Absichten. Gentechnische Erbinformation und Information als medial produzierter und kommunizierter Wissenstransfer sind im Horizont der Reproduktionsmedizin und Gentechnologie längst korrelative Phänomene. Sie repräsentieren nicht mehr die Polarität zwischen unhintergehbarer Naturgegebenheit und konstruierter Message, sondern sind in den Speichern und Netzen humanbiologischer Fabriken als Warenpaket fusioniert.

Von der Möglichkeit frei wählbarer Identitäten für eine mitunter auch erotisch besetzte Netzverbindung bis zu vernetzten Stimulationsapparaturen für Cybersex existiert ein breites Spektrum telematischer bzw. künstlich erweiterter Körper mit erotisierenden Bestimmungen. Die sich darin abzeichnende Virtualisierung von Partnerschaften in Richtung einer telematischen Gesellschaft mit virtuellen Ansprüchen entwirft eine Welt der Surrogate und des Spiels, die in der Welt der Gentechnologie und ihrer Verwertungsstrategien ein Korrelat von weitaus unterschwelligerer, aber dafür umso effizienterer Wirksamkeit besitzt. Feuersteins Projekt bedeutet daher auch die Zuspitzung jener Thematik, die das Begriffsfeld des Körpers vor dem Hintergrund seiner Mediatisierung und Technologisierung konturiert. Nirgends wird die Künstlichkeit der Natur augenfälliger als in der scheinbar natürlichen Gestalt des geklonten Menschen. Aber auch nirgends sonst ist diese Künstlichkeit undurchschaubarer.

Das medial gesteuerte Produzieren von Menschen durch den Menschen über das Medium Gentechnologie und deren organisatorische und apparative Einrichtungen, wirft unter anderem biologische, medizinische, philosophische, juristische und kommerzielle Fragen nach der Urheberschaft und «autoevolutiven» Steuerung des Menschen auf. Diesen Problemkomplex in den Kunstkontext zu rücken, mündet in eine Wechselwirkung, wobei die Cryobank zum «Museum» wird und der Künstler anstelle von Bildern und Objekten dort seine genuine Biographie in Form seiner DNA einschreibt. Die Information darüber kann der Ausstellungsbesucher einer beleuchteten Schautafel entnehmen. Feuersteins Projekt beinhaltet also Informationen über die Industrie des Human Design. Der Künstler bricht damit gerade jenen Bann der Anonymität und Informationssperre, die dieses System so reibungslos funktionieren läßt und bewirkt damit dessen reflexive Zurschaustellung innerhalb des Informationssystems Ausstellung.

Daß die menschliche Figur als kommerziell okkupiertes Territorium im Angebot- und Nachfragezyklus des Human Design nicht nur Faktum im Bereich der Gentechnologie ist, sondern längst auch Relevanz für die Pharma- und Kosmetikindustrie besitzt, beleuchtet Feuerstein buchstäblich in einem

network connection to interlinked simulation devices used for cybersex. The increasingly virtual character of personal relationships leads to a telematic society with virtual claims and sketches a world of surrogates and games; it correlates with a world of genetic engineering and strategies for putting it to use which is certainly not as conspicuous, yet all the more efficient in its workings. Feuerstein's project focusses on a topic in which the concept of the body is seen against the backdrop of media and technology influencing it. Nowhere is the artificiality of nature more obvious than in what seems to be the natural appearance of a cloned human being, and nowhere is this artificiality more obscure and enigmatic.

The media-controlled production of humans by humans by resorting to genetic engineering, its organizational structure and its machines raises biological, medical, philosophical, legal and commercial questions as to the authorship and the «auto-evolutionary» control of mankind. Moving these problems into the artistic realm results in an interaction, the Cryobank becoming the «museum» and the artist, rather than displaying his pictures and objects, providing his genuine biography in the form of his DNA. Information on this is displayed for exhibition visitors on a luminous board. Feuerstein's project, therefore, contains information on the human design industry. The artist breaks the very spell of anonymity and information blackout which allows for such a smooth functioning of the system, thereby bringing about its reflexive display within the information system of the exhibition.

The fact that the human figure, as a commercially occupied territory in the offer and supply cycle of human design, is not just a reality in the field of genetic engineering, but has also acquired an undisputed relevance for the pharmaceutical and cosmetics industry is «illuminated» by Feuerstein in another exhibition object. In the mirror object «HUGO Couture» (HUGO stands for Human Genome Organization), which, when viewed or used, turns out to be a light box with the contours of an androgynous human being, Feuerstein refers to the beauty industry and its marketing strategies targeted at the human body. Lines subdivide the figures into individual segments provided with company logos and product names. «Haute couture – the art of dressmaking and designing – becomes a «Hautcouture», or «skin couture», a process of cutting the skin and segmenting the body, frequently illustrated in cookbooks with pigs and cows» (Feuerstein). The gaze into the mirror shows the inscription of the cosmetics industry into the body, or the body parts defined as market shares. As the utilization of the body and the commercial exploitation of its strengths and desires become more and more obvious, the natural image disappears when looking into this mirror. It is only the blind mirror which can give information on the omnipresence of a refined market.

Eva Grubinger

Institutional environments and the types of communication, distribution and sanction found therein have enjoyed their heyday in the art scene as condi-

weiteren Ausstellungsobjekt. Im Spiegelobjekt «HUGO Couture» (HUGO= Human Genome Organization), das bei Betrachtung/Benutzung sich als Leuchtkasten mit den Umrissen einer androgynen menschlichen Gestalt erweist, bezieht sich der Künstler auf die Schönheitsindustrie und deren auf den menschlichen Körper zielende Vermarktungsstrategien. Linien unterteilen die Figuren in einzelne Segmente, die mit Firmenlogos und Produktnamen versehen sind. «Aus der Haute Couture – der hohen Kunst der Schneiderei – wird eine Hautcouture, eine Zerschneidung der Haut, eine Segmentierung des Körpers, wie wir sie aus Kochbüchern von Schweinen und Rindern kennen» (Feuerstein). Der Blick in den Spiegel zeigt also die Einschreibung in den Körper bzw. die sich in Marktanteilen definierenden Körperpartien. Die Verwertbarkeit des Körpers, die kommerzielle Ausschlachtung seiner Schwächen und Begierden zeichnen sich gerade in dem Maße ab, in dem das natürliche Abbild beim Blick in diesen Spiegel verlischt. Erst der blinde Spiegel informiert über die Allgegenwart eines raffinierten Marktes.

Eva Grubinger
Hegemony!, 1996, Gesellschaftsspiel

Eva Grubinger

Institutionelle Rahmenbedingungen und die darin geübten Kommunikations-, Distributions- und Sanktionsformen als ihrerseits thematisierbare und attackierbare Vorgaben haben im Kunstbetrieb ihre Konjunktur erlebt. Computernetzwerke, die der Kritik am Objektstatus des Kunstwerks und dessen Fetischisierung allein schon durch ihre technologischen Gegebenheiten und Möglichkeiten entgegenkamen, waren und sind Bestandteil jenes kritischen Diskurses, der auf veränderte Rezeptions- und Produktionsformen im Kunstbetrieb reagierte. Die Flexibilisierung der Informationsflüsse, wie sie von den Netzwerktechnologien begünstigt wurde, führte auch zu euphorischen Reaktionen, die wiederum ihrerseits zu Kritik und ironischer Betrachtung herausforderten. Eva Grubinger reflektierte frühzeitig diese Entwicklung in ihrer Arbeit, ohne sich zum einen vorschnell von den innovativen Arbeitsmöglichkeiten durch den Computer zu verabschieden und ohne sich andererseits der institutionalisierten Kunstorte und deren Informationspotentialen zu entledigen. So realisierte sie 1995 im Neuen Berliner Kunstverein das Projekt «Netzbikini», das es ermöglichte, sich via World Wide Web vom Ausstellungsort wie auch von jedem beliebigen Ort der Welt aus größengerechte Schnittmuster für die eigene Bikiniproduktion abzurufen. Der Betrachter als Nutzer und Nutznießer des Projektes übernahm die Rolle des Mitspielers, der das Netzwerk als immateriellen Ort intelligibler Prozesse nutzte und damit ein textiles und sinnliches Netzwerk zum eigenen Freizeitspaß erstellen konnte. Mit dem Sprachwitz, der Bestandteil dieser Arbeit ist, konterkarierte Grubinger auch die immateriellen Qualitäten des Mediums, die allzu ernst und wörtlich genommen, erst wieder die Entrückung und auratische Verklärung der gespeicherten und verhandelten Daten begünstigen. Letztlich nicht im Datenhighway, sondern in einem echten See, mit einem richtigen Netzwerkbikini zu baden, schien eine der Aufforderungen dieser Arbeit zu sein.

tions to be presented and attacked. Computer networks, lending substance to criticism levelled at the object status of the artwork and its increasing role as a fetish by means of their technological potential, have been, and still are, part of a critical discourse responding to modified types of reception and production in the art sector. The tendency towards more flexibility of information flows has been supported by network technologies and has drawn euphoric reactions; these, in turn, gave rise to criticism and ironic comments. Very early, Eva Grubinger reflected on this development in her work, without, however, prematurely leaving the innovative potential of computers unused or detaching herself from art institutions and the information offered by them. In 1995 she carried out a project entitled «Netzbikini» for the *Neuer Berliner Kunstverein;* this project made it possible to retrieve, via the World Wide Web, the appropriate sizes of fabric patterns for one's own bikini production from the exhibition site and, in fact, from any place in the world. The viewer as the user and beneficiary of the project took over the role of a player who made use of the network as an immaterial place of intelligible processes and was able to build up a sensuous textile network for his personal entertainment. With her witty language, which is an integral part of the work, Grubinger counteracts the immaterial qualities of the medium which, if taken too seriously and literally, foster abstraction and the aura-like transfiguration of stored and communicated data. Not cruising along the data highway, but swimming in a real lake, with a real network bikini, seemed to be one of the challenges of this work.

Eva Grubinger
Hit!, 1996, Gesellschaftsspiel

This ironic and playful way of dealing with the computer medium for one's own pleasure and sensual entertainment is continued in her series of parlor games which illustrate the interactive role of the recipient as that of the player in an artistic context. The Internet appears only in the form of a board game called «Hack!», the goal of which is to be a successful hacker and to sabotage or destroy the network for a variety of reasons, whether to put an end to one's own Internet addiction, or to build up a new, radically democratic Internet. Playing with power constellations is also one of the characteristics of Grubinger's other games. «Hype!» players aim at accumulating cultural capital, money and fame by placing their artistic identities in prestigious institutions. The pop game «Hit!» is designed as a playful defense of a girls' band to sexist and hateful managers as well as silly critics, while «Hegemony!» is a political game revolving around the future of theory. The regulatory and interactive mechanisms involved in these games are known from real life, as is the medium of the game itself. Grubinger does not only make the rules governing the art world the topic of her games, she also toys with the exhibition by breaking away from mere representation and dealing with it playfully. The work involves a game of mechanisms into which it is, in fact, integrated. Even though the work takes place as a game which provides carefree leisure-time entertainment and can also be bought and played at home, it combines all the claims to an interventionist symbolic form reflecting aesthetic standards.

Eva Grubinger
Hit!, 1996, Gesellschaftsspiel

Der damit angezeigte ironische und spielerische Umgang mit dem Medium Computer zum eigenen Vergnügen und zur lustvoll sinnlichen Betätigung findet eine Fortsetzung in ihrer Serie von Gesellschaftsspielen, in denen die interaktive Rolle des Rezipienten als die des Spielers im Kunstkontext beleuchtet wird. Das Internet taucht hier nur mehr in Form eines Brettspiels namens «Hack!» auf, bei dem es darum geht, sich erfolgreich als Hacker zu betätigen und das Netz aus verschiedenen Beweggründen entweder zu sabotieren oder zu zerstören: sei es, um seine eigene Internetsucht zu beenden oder um ein neues radikal demokratisches Internet aufzubauen. Um das Durchspielen von Machtkonstellationen geht es auch in den anderen Spielen. Bei «Hype!» gilt es, kulturelles Kapital, Geld und Ruhm auf sich zu vereinen, indem man seine Künstleridentität in imageträchtigen Institutionen positioniert und profiliert. Das Popspiel «Hit!» ist als spielerische Abwehr einer Girlband gegen sexistische und miese Manager sowie dumme Kritiker zu führen und «Hegemony!» ist schließlich ein politisches Spiel um die Zukunft der Theorie. Die in diesen Spielen vorgegebenen Regulative und Interaktionsmechanismen sind aus dem realen Leben ebenso vertraut wie das Medium Spiel selbst. Grubinger thematisiert die Regeln des Kunstbetriebes nicht nur im Spiel, sondern treibt mit der Ausstellung ihr Spiel, indem sie mit dem bloßen Repräsentieren bricht und statt dessen davon spielerisch handelt. Das Werk bezieht sich auf Mechanismen, in die es selbst zugleich real eingebunden ist. Auch wenn das Werk als Spiel stattfindet, als banaler Freizeitspaß genossen werden kann und zudem auch noch gekauft und zu Hause weitergespielt werden kann, vereint es auf sich die Ansprüche einer interventionalistischen, die ästhetischen Normen reflektierenden symbolischen Form. Spiele zu erfinden und Regeln auszuarbeiten, bedeutet Komplexitäten auf Normen zu komprimieren und geordnetes Ablaufen verhandelbar zu machen. Spielen und Fälschen liegen eng beieinander und das ständige Mißtrauen sowie das Konkurrenzverhalten der Spieler untereinander gehören zur Spiellust. Spielen als sublimierte Form des Kampfes sensibilisiert und aktiviert zugleich und scheint schon aus diesen Gründen ein geeignetes Medium interventionalistischer künstlerischer Praxis zu sein. Das Exponat, das sich als Spiel tarnt, ist eine eigene Art von Spiel mit dem Ausstellen und den Institutionen, also auch eine Art des sublimierten Kampfes um symbolisches Kapital.

Richard Hoeck

Richard Hoecks Auseinandersetzung mit dem Medium Film, wie sie seine Arbeit in der Ausstellung des Museums zeigt, stellte die filmische Verarbeitung und Neufassung einer bereits ihrerseits mit filmischen Sequenzen versehenen Installation dar, die er im Frühjahr im Museum für angewandte Kunst gezeigt hat. Dort war unter dem Titel «Transatlantik Echoes» ein Event zu sehen, bei dem die Berliner Countryband «Blood on the Honky Tonk Floor» auf einer Holzveranda auftrat, während an der Wand gegenüber die Schlußsequenz einer Abschiedsszene aus Howard Hawks Western «Red River» zu sehen war:

Inventing games and developing their rules means to condense complexities into standards, and to be able to communicate them in ordered channels and structures. Playing and faking are, in fact, closely related, and the constant mistrust and competitiveness among the players makes for the fun of the game. Playing as a sublimated form of fighting sensitizes and activates at the same time; just for these reasons, it seems to be a medium appropriate for interventionist artistic practice. The exhibit, which is disguised as a game, is a special tool for playing with exhibitions and institutions and, consequently, a kind of sublimated fight for symbolic capital.

Richard Hoeck

Richard Hoeck's approach to film, as can be seen in his work presented in this exhibition, is expressed in the film version of an installation containing motion picture sequences which he showed in the spring for the *Museum für angewandte Kunst* (MAK) in Vienna. The event was entitled «Transatlantik Echoes», featuring the Berlin country music band «Blood On The Honky Tonk Floor» as it performed on a wooden porch, while on the opposite wall visitors could see the final sequence of a farewell scene taken from Hawk's Western movie «Red River»: a woman waving at her husband, who rides out into the prairie and towards the sunset. The porch acting as a stage was built after that appearing in John Ford's film «The Searchers». Hoeck, as the real director of this scenario made up of a live event and a movie clip, approached the Western genre, an American artistic and cultural product, from a European perspective. In his catalog text, John Miller analyzes Hoeck's artistic subject, i.e. the responses of the protagonists to the American landscape and gender relations affected by it. Miller discusses the roles allotted to each actor in a Western movie which Hoeck has compressed in his work and extracted, as it were, from the film sequence. «... above all, the sequence selected by Hoeck [the farewell scene, note by the author] determines the female and male roles as they relate to the landscape. Men explore, while women take care of hearth and home. As was already stated by Klaus Theweleit, hearth and home serve as an ideal pretext to legitimize the male prerogative of aggression and its accompanying subjugation.» [John Miller: God's country, in: cat.: Film/3, Richard Hoeck – Transatlantik echoes, MAK Galerie, Wien 1996]. Therefore, nature and landscape are perceived as projections of a gender-specific systematization in which harmonizing and heroizing images conceal the hierarchy of power and powerlessness. The fact that the film, as an informer, remains silent in this respect is one of the pieces of information uncovered by Hoeck's approach. Miller, in his interpretation, further refers to the function of live music as an allusion to silent movies which represent, according to him, a world «the way it is said to have been before it was subjugated by language», i.e. «before the symbolic order was implemented». The concept of freedom suggested by this performance installation was introduced by Hoeck as a construct to be analyzed and reconstructed. He did not do so in a didactic

Richard Hoeck
Transatlantik Echoes with ‹Blood on the Honky Tonk Floor› (MAK, Wien, April 1996)

Eine Frau winkte ihrem, in die Prärie hinaus- und dem Sonnenuntergang entgegenreitenden Mann nach. Die als Bühne dienende Veranda war derjenigen aus John Fords Film «The Searchers» nachgebildet. Hoeck als der wahre Regisseur dieses Inszenarios aus Live-Ereignis und Filmausschnitt ging in dieser Arbeit aus europäischer Perspektive auf das Genre des Westerns als amerikanischem Kunst- und Kulturprodukt ein. Die in Hoecks Werk unter anderem thematisierten Verhältnisse der Protagonisten zur amerikanischen Landschaft und die darin einschreibbare Beziehung der Geschlechter zueinander hat John Miller in seinem Katalogtext analysiert. Miller ist dabei auf die im Western fixierten Rollenspiele eingegangen, die Hoeck in seiner Arbeit exemplarisch verdichtet und aus dem Filmablauf quasi extrahiert hat. «... vor allem fixiert die von Hoeck ausgewählte Sequenz (die Abschiedszene, Anm. d. V.) die weibliche und männliche Rolle im Verhältnis zur Landschaft. Männer erforschen, während Frauen Heim und Herd hüten. Wie schon Klaus Theweleit angemerkt hat, funktionieren Heim und Herd als idealer Vorwand zur Legitimation des männlichen Vorrechts auf Aggression sowie der diese begleitenden Unterwerfung.» (John Miller: *God's Country,* in: Katalog: Film/3, Richard Hoeck – Transatlantik Echoes, MAK-Galerie, Wien 1996, o.S.) So schlüsselt sich die Wahrnehmung von Natur und Landschaft als Projektion geschlechtsspezifischer Schematisierungen auf, in denen harmonisierende und heroisierende Bilder die Hierarchie von Macht und Ohnmacht kaschieren. Daß der Film als Informant gerade darüber schweigt, ist wiederum eine der Informationen, die Hoecks Vorgehen zutage fördert. Miller hat in seiner Interpretation weiters auf die Funktion der Livemusik als Anspielung auf den Stummfilm verwiesen, der eine Welt repräsentiere, «wie sie angeblich vor ihrer Unterwerfung unter die Sprache gewesen sein soll», also noch «vor dem Aufkommen der symbolischen Ordnung». Der in dieser performativen Installation suggerierte Freiheitsbegriff wurde also von Hoeck als analysier- und rekonstruierbares Konstrukt vorgestellt, allerdings nicht in didaktischer Manier, sondern in der lockeren Atmosphäre des Entertainments, also des zitierten Genres selbst.

Die Video-Verarbeitung der Veranstaltung im MAK in einer neuen Arbeit mit dem Titel «Timbermen» ist nicht als Dokumentation oder als Fortsetzung des Projektes zu sehen, sondern als eigenständige Lösung, in der die Installation gleichsam als Zitat wiederkehrt. In diesem Film wird die Raumordnung der Installation in zeitliche Sequenzverläufe umgesetzt. So münden auch die von Filmen hergeleiteten realen Requisiten wiederum in filmische Bilder.

Andreas Holzknecht

Die Motive für seine Malerei holt sich Andreas Holzknecht aus jenen Medien, die Information und Waren marketinggerecht und konsumanregend aufbereiten und offerieren: Versandhauskataloge und illustrierte Magazine gehören ebenso dazu wie Fernsehsendungen plus begleitende Programmzeitschriften. Die Übertragung der ausgewählten Sujets in die tradierte Technik der Ölmalerei ähnelt dem Verfahren des Samplings und einer mit Fragmenten operieren-

manner, but in the relaxed atmosphere of entertainment, i.e. in the very atmosphere of the genre depicted. The video version of the event in the MAK with the title «Timbermen» is not to be seen as a documentation or continuation of the project, but as a solution in its own right in which the installation recurs as a quotation, as it were. In this film, the spatial order of the installation is converted into time sequences, and real movie props lead to film images.

Andreas Holzknecht

Andreas Holzknecht derives the motifs for his painting from those media which present their commodities with a view to marketing them and boosting consumption. Mail-order catalogs and illustrated magazines are used by him just as much as television shows and their accompanying program guides. Transfering the subjects selected into the time-honored technique of oil painting is similar to the process of sampling and putting together fragments to form a collage. Taken out of their conventional confines, the motifs are exposed to a new pictorial order. By shifting the context and «drafting» a new text in the other medium of painting, Holzknecht's approach indicates that his motifs were originally designed to be presented in the media environment. Frequently, collages made of painted and drawn elements are the immediate models of paintings, so that the recycling of the media world is also the recycling of its present «artification». Oscillating between illusionary images and symbol-like comic strip techniques, this painting creates an ironic and parodic «synaestheticism» of various artistic techniques and motifs. Viewing a series of large-format paintings is similar to embarking on a visual journey which evokes memories of different media facets of day-to-day information and communication culture. It is like watching television, reading a newspaper, browsing through fashion magazines, remembering comic strips, or catching oneself drawing parallels to the history of painting. Painting as the smallest common denominator serves as the actual linkage.

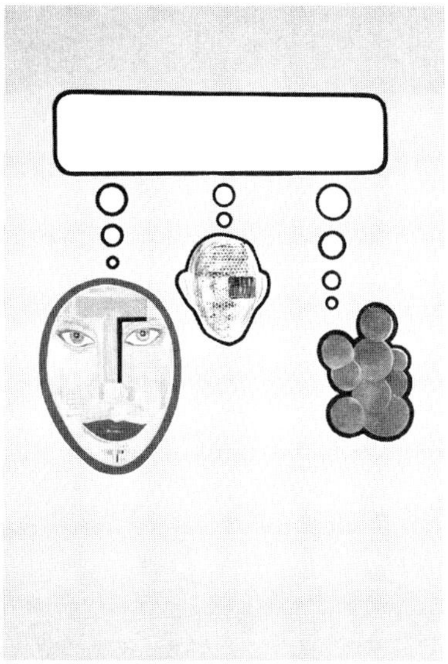

Andreas Holzknecht
Fläche, 1996, Öl/Molino, 200 x 140 cm

The fact that painting is but one among many media and can be applied to them is illustrated by the monitor shown with the pictures. This monitor features a painted portrait of Bill Gates and serves as a background for the motif of a man who incarnates the computer age and immaterial data flows. It suggests the detached and ironic attitude of the artist, who confronts media images and their heroes neither with reverence nor with an ambitious athlete's claim to perfection. Instead, Holzknecht cultivates the suggestive power of media, and discloses it at the same time, by making arbitrary and calculating use of them. The fact that this does not only occur by means of painting but also with painting itself is consistent with his ironic approach. But the following is also true: Because the glorification of the media was accompanied very frequently by comments disparaging painting as an outdated medium, painting alluding to the media could always be construed as a kind of vengeance which proves that even that which presumably dethroned painting can still be presented by it.

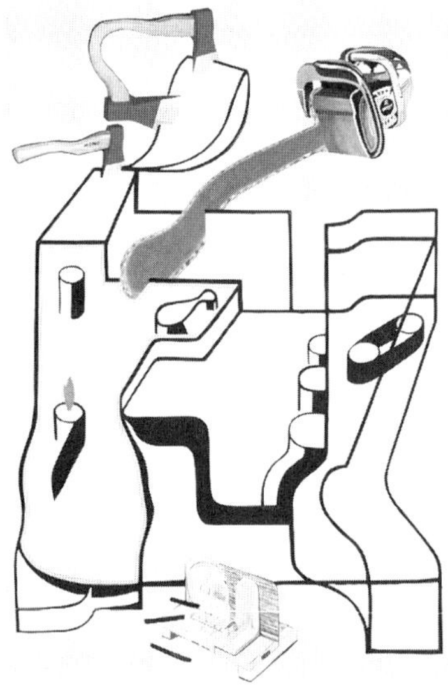

Andreas Holzknecht
Stücke, 1996, Öl/Molino, 200 x 140 cm

den Collagierung. Aus ihren angestammten Zusammenhängen entnommen, werden die Motive einer neuen Bildordnung unterstellt. Indem Holzknecht solcherart die Kontexte verschiebt bzw. einen neuen Text im anderen Medium der Malerei «verfaßt», weist sein Vorgehen auch darauf zurück, daß die ursprüngliche Form und Verankerung seiner Motive eine bereits medial zurechtgelegte war. Vielfach bilden malerisch und zeichnerisch bearbeitete Collagen die unmittelbaren Vorbilder der Malerei, so daß das Recycling der Medienwelt auch eine ihrer bereits erfolgten Verkunstung ist. Zwischen illusionierender Abbildhaftigkeit und zeichenhafter Comicstechnik pendelnd, entwirft diese Malerei eine durchaus ironische und parodistische «Synästhesie» unterschiedlicher künstlerischer Techniken und Motivwelten. In einer Serie großformatiger Malereien gestaltet sich das Betrachten der Bilder zu einer Art visueller Rundreise mit Erinnerungseffekten an die unterschiedlichen medialen Facetten der alltäglichen Informations/Kommunikationskultur. Man sieht gleichsam fern, liest Zeitung, blättert in Modejournalen, erinnert sich an Comics und ertappt sich bei Analogieschlüssen zur Geschichte der Malerei. Die Malerei als der kleinste gemeinsame Nenner bleibt das eigentliche Verbindungsgerüst.

Daß Malerei selbst nur eines von vielen Medien ist und daß sie andererseits auf andere Medien applizierbar ist, verdeutlicht jener mit den Bildern gezeigte Monitor, auf den das Porträt von Bill Gates gemalt ist. Der Monitor als Malgrund für das Motiv jenes Mannes, der als Symbolfigur des Computerzeitalters und der immateriellen Datenströme gilt, läßt die abgeklärte ironische Haltung des Künstlers erkennen, der den medialen Bildern und ihren Heroen weder mit Ehrfurcht noch mit dem sportlichen Ehrgeiz des Perfektionierens begegnet. Stattdessen kultiviert Holzknecht die Suggestionsmacht der Medien und enttarnt diese zugleich, indem er mit ihnen in berechnender Willkür umspringt. Daß dies nicht nur mittels Malerei, sondern auch mit der Malerei selbst geschieht, liegt in der Konsequenz des Ironisierens. Andererseits gilt aber auch: Weil die Apologie der Mediatisierung meist zugleich mit der Diffamierung der Malerei als veraltetem Medium einherging, könnte man in jener Malerei, die sich auf die Mediatisierung bezieht, immer auch eine Art von Rache erblicken, die anzeigt, daß sogar dasjenige, was die Malerei vorgeblich entthronte, noch immer malerisch darstellbar ist.

Thomas Jocher
Rahmenbild, 1995, Öl/Leinwand, 240 x 240 cm

Thomas Jocher

Die von Thomas Jocher in seiner Malerei verwendeten Inkarnatfarben sowie die voluminösen polsterartigen Bildkörper lenken Körperliches in abstrahierte Bahnen und unterlaufen die Tradition der Figuration als Synonym für die abbildhafte Darstellung des menschlichen Körpers. Die Bilder verwandeln sich entweder zu Gegenständen mit skulpturalen Merkmalen oder sie suggerieren plastische und tiefenräumliche Illusionen, die die Rolle des Betrachters thematisieren, indem sie auf dessen eigenes Körper- und Raumwahrnehmen bezogen sind. So bilden Jochers Arbeiten jenen Referenzrahmen, innerhalb dessen sich die Erinnerung an den eigenen Körper und dessen im sozialen Körper veran-

Thomas Jocher

The incarnadine colors used by Thomas Jocher in his painting, as well as his bulky pictorial bodies resembling pillows guide materiality along abstract paths, undermining the tradition of figuration as a synonym of the image-like presentation of the human body. The pictures are transformed into objects having sculptural features, or they suggest three-dimensional illusions which emphasize the role of the viewer by relating to his own corporeal and spatial perception. Jocher's works, therefore, provide an environment for memories of one's own body, its identity shaped by society, and the fragmentation of that identity. The perspective order of the paintings sucks in the viewer, as it were, or it keeps him aloof. «The effect, at any rate, is physical» (Jocher). The work of art, which «seizes» the viewer's body by means of the gaze, attempts to «convince the gaze to include the body in the viewing process» (Jocher). The anticipation of receptive modes carried out deliberately in the production, as well as the channelling of the gaze and the body through the picture also comprise the perception of the picture as furniture and a decorative part of cultivated and educated cosiness. Explaining this type of pictorial function means to distill the meaning of pictures from their social and cultural conditions, regarding these conditions of the picture as one of its contents.

Thomas Jocher
Bildbild, 1995, Öl/Leinwand, 140 x 200 cm

In Jocher's so-called «picture pictures», the pictorial body and the painted surface become the very subject of painting. In these pictures, Jocher paints their own portraits, capsizing and twisting the painted surfaces, as if the picture within the picture showed itself from another side or in another angle. In doing so, he generates perspective alignments and folds reminiscent of windows and make-believe openings in the wall. Between the real surface of the picture and its painted double we see an imaginary space stretching in perspective alignment. From one location in the room, the perspective order of the given picture appears to be «correct» for the viewer. Then a «compelling identification of the viewer with what is viewed» sets in, while at the same time clearly being a construct of feigned realities. Hence, this painting dealing with its own specificity simultaneously relates to the viewer and his perceptive experiences. In Jocher's œuvre, the picture projecting into the room as a body, a threshold and an imaginary window is complemented by a picture turned inside out to become a spatial configuration. The painted surfaces hinged towards each other form cases and housings for the viewer's body. Painted with flesh colors and turned to the inside, these spatial pictures bring corporeality and the viewer's inclusion into extremely close proximity, playfully using the element of fusion by means of their inversions. Pictures which, as bodies turned inside out having their skins arranged inwardly, physically receive, and are able to engulf, the viewer's body, defining viewing as inhabiting. The viewer embraced by the real space of the picture virtually vanishes in it, while the picture disappears from his vision and becomes his second skin.

Thomas Jocher
Bildbild, 1995, Öl/Leinwand, 140 x 100 cm

Thomas Jocher
Raumbild, 1995, Öl/Leinwand, 19 x 24 x 25 cm

Thomas Jocher
Bildraum, 1995, Öl/Leinwand, 185 x 55 x 35 cm

kerte Identität und deren Fragmentierung einstellen kann. Die perspektivische Ordnung der Gemälde saugt den Blick des Betrachters gleichsam an oder hält ihn auf Distanz. «Der Effekt ist in jedem Fall körperlich» (Jocher). Das Kunstwerk, das mit dem Blick auch den Körper des Betrachters «ergreift», ist also eines, das versucht, «den Blick zu überreden, den Körper ins Betrachten mitzunehmen» (Jocher). Der in der Produktion bewußt vollzogene Vorgriff auf Rezeptionsweisen bzw. die Kanalisierung des Blicks und des Körpers durch das Bild umschließt auch die Wahrnehmung des Bildes als Mobiliar und als dekorativen Bestandteil bildungs- und kulturbeflissener Wohnlichkeit. Diese Art der Bildfunktion zu explizieren, bedeutet wiederum den Sinn der Bilder von ihren soziokulturellen Rahmenbedingungen her zu beleuchten und diesen Rahmen des Bildes als einen seiner Inhalte zu setzen.

In den von Jocher als «Bilderbilder» bezeichneten Arbeiten werden der Bildkörper und die Malfläche selbst zum Thema der Malerei. Jocher malt in die Bilder deren eigenes Porträt, er kippt und dreht die Flächen der Malerei malerisch aus dem Lot, als ob sich das Bild im Bild nochmals von einer anderen Seite oder unter anderem Winkel zeigen würde und erzeugt damit zugleich perspektivische Fluchten und Faltungen, die an Fenster und scheinbare Öffnungen in der Wand gemahnen. Zwischen der realen Oberfläche des Bildes und ihrem gemalten Double spannt sich imaginärer Raum in perspektivischer Flucht auf. Von einem Punkt im Raum aus «stimmt» die perspektivische Ordnung des jeweiligen Bildes für den Betrachter. Dann stellt sich jene «zwingende Identifikation des Betrachters mit dem Betrachteten» ein, die aber zugleich als ein Konstrukt mit fingierten Realitäten durchschaubar ist. Die von ihren eigenen Gegebenheiten handelnde Malerei ist also auch hier zugleich auf den Betrachter und dessen Wahrnehmungserfahrungen bezogen. Dem in den Raum auskragenden Bild als Körper, als Schwelle und imaginäres Fenster fügt sich im Œuvre Jochers noch das zu Raumkonfigurationen umgestülpte Bild. Die über Scharniere zueinander geklappten Bildflächen formieren sich zu Gehäusen und Behausungen für den Körper des Betrachters. Fleischfarbig bemalt und nach innen gekehrt, führen diese Raumbilder Körperthematik und Betrachtereinbeziehung in extreme Nähe und spielen auf der Basis von Umstülpungen mit der Möglichkeit der Verschmelzung. Bilder, die als umgestülpte Körper mit ihren Häuten nach innen den Leib des Betrachters auch physisch aufzunehmen und zu umschließen imstande sind, definieren das Betrachten als ein Bewohnen. Der sich in den realen Raum des Bildes einschließende Betrachter verschwindet buchstäblich darin und zugleich das Bild aus seinem Blick. Es wird zu seiner zweiten Haut.

Hugo Markl

Hugo Markl's contribution to this exhibition will be shown, as requested by the artist without any discussion.

sculpture transmigration (detail one)
no. zero / nostalgia publication 1996 Hugo Markl
design: Hugo Markl
photos by: Hugo Markl, Mancia / Bodmer, Rose
digital imaging & DTP: Bruno Mancia / FBM studio
printed by: Amica Fine Art Print Limited, London 1996
© all rights reserved 1996 Hugo Markl

Maja Vukoje

The reality serving as a guideline for Maja Vukoje's pictures shown in the exhibition is photography and film. Photography, which, as a medium, processes reality, is exposed to another media transformation through painting. The pictures she starts from show scenes of violence, human tragedies, and ignorance, as well as erotically charged gender relations. These are pictures which arouse emotions and, in their reference to a specific situation and its protagonists, also point to exemplary human and inhuman conditions and behavioral patterns. They are, in fact, instantaneous shots of dramatic events or interfaces of certain activities, inciting the viewer to think about the lacking parts of the story, or about the story triggering them. The gaze bursting into intimate as well as violent scenes is, initially, that of the camera recording real events, capable of constructing reality only because it relies on sophisticated recording techniques and optical-aesthetic positions. Being there just at the right time, witnessing a tragedy or unbelievable happiness – this is one of the most important assets of successful photographers and filmmakers. By selecting

Maja Vukoje
Ohne Titel, 1994/95, Öl/Leinwand, 65 x 95 cm

Hugo Markl

Hugo Markls Beitrag zu dieser Ausstellung wird auf Wunsch des Künstlers ohne Besprechung gezeigt.

sculpture transmigration (detail two)
no. zero / nostalgia publication 1996 Hugo Markl
design: Hugo Markl
photos by: Hugo Markl, Mancia / Bodmer, Rose
digital imaging & DTP: Bruno Mancia / FBM studio
printed by: Amica Fine Art Print Limited, London 1996
© all rights reserved 1996 Hugo Markl

Maja Vukoje

Die Realität, an der sich Maja Vukojes in der Ausstellung gezeigten Bilder orientieren, ist die der Fotografie und des Films. Die bereits medial aufbereitende Fotografie wird zum Anlaß einer weiteren medialen Transformation via Malerei. Jene Fotos, die als Vorlage dienen, zeigen Szenen der Gewalt sowie zwischenmenschliches Desaster und Ignoranz ebenso wie erotisch geladene Geschlechterbeziehungen. Bilder also, die an sich nicht gleichgültig lassen und in ihrem jeweiligen Bezug auf eine konkrete Situation und auf die darin agierenden Protagonisten zugleich auch exemplarische, menschliche und unmenschliche Zustände und Verhaltensweisen anzeigen. Es sind an sich Fixierungen dramatischer Höhepunkte bzw. Schnittstellen von Handlungsverläufen, also Momentaufnahmen, die einem nahelegen, sich die auslösende bzw. fehlende Geschichte dazuzudenken. Der in intime ebenso wie in gewaltvolle Szenen platzende Blick ist zunächst jener der Kamera, der reales Geschehen abbildet und dennoch damit Wirklichkeit erst konstruiert, weil er auf elaborierten Aufnahmetechniken und optisch-ästhetischen Einstellungen beruht. Genau zum

such pictures taken by famous photographers and incorporating them into her paintings, Maja Vukoje performs a media transfer and sets the stage for a kind of mutual media reflection; a distance is created to photography and to painting alike, and the viewer may become aware again of internalized media techniques. Acting, film and this edited and dramatized reality reconstruct something that is real, thereby producing realities which, in turn, motivate the behavior displayed by their viewers and consumers in everyday life. Game and reality become mingled and perpetuate each other. The impossibility to differentiate between real and reconstructed scenes, and the ensuing game of mixing up documentation with visual forms of presentation appear to be quite characteristic of Vukoje's series of pictures. The media game is supplemented by a game about true events and their simulation.

The figures shown in partly summary, partly pastose contours are not just actors, and their presentation does not only allude to the medium of photography in disguise, but also to the history of their own medium, i.e. painting, in an optical appearance determined by contemporary photography. The almost complete lack of colors and the limitation to black and white are in opposition to the bright colors usually expected to appear in such spontaneous painting. Conversely, the red color used, for instance, to indicate traces of blood hampers the memory of photography. The painting technique employed here is one which the art-historically trained gaze perceives as expressive abbreviation, possibly interpreting it as a technique lending a psychological and dramatic quality to the original motif. This interpretation, therefore, is caused historically and responds to clichés. Viewed from this vantage point, we are not dealing with original or genuine pictures reproducing reality in an expressive painterly logic, but a certain type of photography in the light of a certain type of painting. These pictures inform the viewer on the basis of representational forms which are themselves received as information. They inform about power and violence, while at the same time using almost fully internalized media codes.

Maja Vukoje
Ohne Titel, 1994/95, Öl/Leinwand, 100 x 120 cm

Maja Vukoje
Ohne Titel, 1994/95, Öl/Leinwand, 80 x 100 cm

Herwig Weiser

Two welded, transparent mattresses having a cellular structure are the central elements in Herwig Weiser's work. Such solar mattresses with air cavities are fed by a computer-controlled pump and can modify their volume. Weiser employs this technique of external control and integrates mattresses into a vacuum, so that a kind of internal, technoid organism of pulsating volumes is formed therein. The contracting and expanding cell structures are subjected to rhythmic sequences, each reactivation being preceded by a temporary state of rest. The work further consists of glass fiber cables whose energy flow is discharged in the form of light pulses. The information flow of glass fiber cables is activated by frequency oscillations resulting from sampled sound documents of hysteric male and female patients. The information is focussed and channelled in order to be discharged pulsatingly, via computer control, into

Maja Vukoje
Ohne Titel, 1994/95, Öl/Leinwand, 70 x 90 cm

richtigen Zeitpunkt dabei zu sein, wo sich das Desaster sowie das unfaßbare Glück des einzelnen vollzieht, ist eines der einträglichsten Geschäfte der Fotoreportage und des Films. Indem sich Maja Vukoje solche – von Starfotografen aufgenommene – Bilder aussucht und sie in Malerei umsetzt, vollzieht sie unter anderem einen Medientransfer und inszeniert eine Art wechselseitige Medienbespiegelung, wobei sowohl Distanz zur Fotografie als auch zur Malerei geschaffen wird und in der Betrachtung bereits vom Betrachter verinnerlichte Mediatisierungstechniken wieder bewußt werden können.

Das Schauspiel, der Film, die per Schnitt inszenierte oder dramatisierte Wirklichkeit stellen ständig Reales nach und produzieren damit zugleich Wirklichkeiten, die wiederum zur motivierenden Basis für Verhaltensweisen im alltäglichen Leben ihrer Betrachter und Konsumenten werden. Spiel und Wirklichkeiten gehen ineinander über und treiben ständig einander hervor. Die darin angelegte Ununterscheidbarkeit von gestellten und realen Szenen, das wiederum daraus folgende Spiel der möglichen Verwirrungen und Vertauschungen von Dokumentation und Inszenierung scheint als symptomatischer Ansatz für Vukojes Bildserie von Bedeutung zu sein. Dem Spiel mit den Medien fügt sich das Spiel um die wahre Begebenheit und deren bloße Vorspiegelung hinzu.

Die teils summarisch, teils malerisch pastos umrissenen Figuren sind nicht nur Darsteller, die Art ihrer Gestaltung zitiert nicht nur das Medium Fotografie in verwandelter Gestalt, sondern auch die Geschichte ihres eigenen Mediums, der Malerei, in einer von der gegenwärtigen Fotografie vorgegebenen Optik. Das fast vollständige Fehlen von Farbigkeit, die weitgehende Beschränkung auf Schwarz-Weiß konterkariert die bei solch spontan gesetzt erscheinender Malerei normalerweise erwartete Buntfarbigkeit. Umgekehrt stört die beispielsweise für die Darstellung von Blutspuren verwendete rote Farbe die Erinnerung an Fotografie. Die hier angewandte Technik der Malerei ist also eine, die der kunsthistorisch geprägte Blick als die der expressiven Abbreviatur wahrnimmt und demgemäß als eine das ursprüngliche Ausgangsmotiv psychologisierende und dramatisierende Technik interpretieren könnte. Diese Art der Lesbarkeit wäre also eine ihrerseits historisch mitbedingte und auf Klischees replizierende. So gesehen handelt es sich nicht um ursprüngliche oder genuine, die Wirklichkeit reproduzierende Fotobilder in expressiv malerischer Logik, sondern um eine bestimmte Art der Fotografie im Lichte einer bestimmten Art der Malerei. Diese Bilder informieren also auf der Basis von Darstellungsformen, die bereits ihrerseits als Information aufgenommen werden. Sie informieren dabei sowohl über Macht- und Gewaltverhältnisse, aber zugleich bedienen sie sich dazu der weitgehend verinnerlichten medialen Codes.

Herwig Weiser

Zwei miteinander verschweißte transparente Matratzen in Zellbauweise sind die zentrale Hardware in Herwig Weisers Arbeit. Solche Solar-Lufthohlkammermatratzen werden durch eine computergesteuerte Pumpe gespeist und

Herwig Weiser
Die verlassene Ruhezone eines Assistenzheiligen, 1996, Skizze

Herwig Weiser: Konzept, Realisierung
Rudi Opalla: Computerprogrammierung
Dü (Jan St.Werner/F.X.Randomiz): Sampling

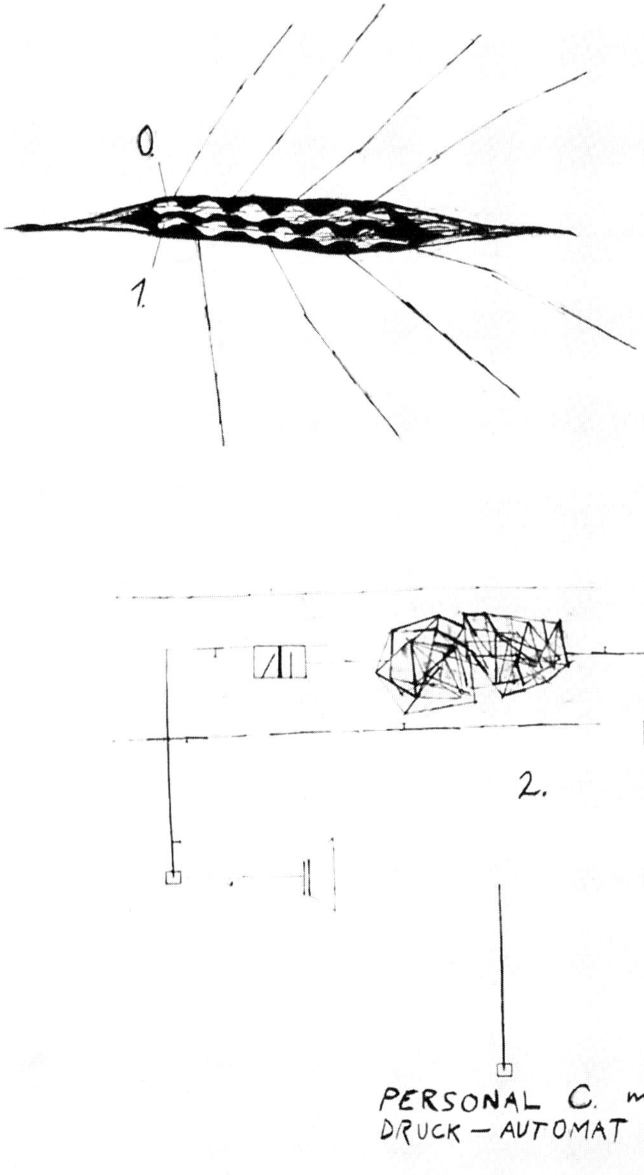

0. Zelldruckwechselkammermatratze 0
1. Zelldruckwechselkammermatratze 1
Transparenzentleerung/Ladung
übereinanderverschweißt
binärentgegenarbeitend
vakuumverpackt

2. Zeichenerregung-Signalverdichtungszone-Zeichensturz

luminous character signals. The vacuum bag, and the mattresses and glass fiber cables found therein, form a self-contained system made of transparent materials and cells which, when viewed from outside, seems to be artificially animated. The pressure levels and information states analogized by the computer system simulate the metabolism or the respiration of the system which is transformed, in the viewer's eyes, into a type of media organism. Associations with various techno phantasies – such as one of a subcutaneously connected

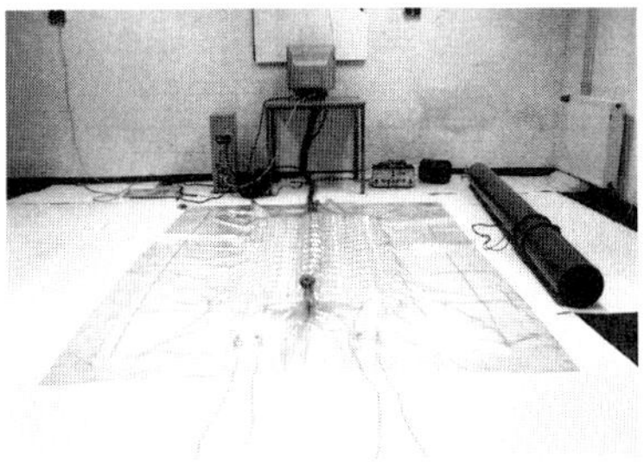

Herwig Weiser
Die verlassene Ruhezone eines Assistenzheiligen, 1996, Installation

verändern permanent ihr Volumen. Weiser nutzt diese Technik der externen Steuerung und integriert die Matratzen in ein Vakuum, so daß sich dort eine Art interner technoider Organismus pulsierender Zellvolumina formiert. Die sich verengenden und wieder ausdehnenden Zellstrukturen unterliegen also rhythmischen Sequenzen, wobei vor jeder neuerlichen Aktivierung vorübergehend ein Ruhezustand herrscht. Die Arbeit besteht weiters aus Glasfaserkabeln, deren Energiefluß sich in Form von Lichtimpulsen entlädt, sobald der Rhythmus der Kontraktionen abebbt. Aktiviert wird der Informationsfluß der Glasfaserkabel von Frequenzschwingungen, die von gesampelten Tondokumenten hysterischer Patientinnen und Patienten herrühren. Die Informationen werden hier also gebündelt und kanalisiert, um sich via Computersteuerung stoßartig in leuchtenden Zeichensignalen zu entladen. Der Vakuumsack und die darin befindlichen Matratzen und Glasfaserkabel bilden insgesamt ein in sich geschlossenes System aus transparenten Materialien und Raumzellen, das von außen wie künstlich belebt erscheint. Die über das Computersystem analogisierten Druckverhältnisse und Informationszustände simulieren einen Metabolismus bzw. ein Atmen des Systems, das für den Betrachter zu einer Art medialem Organismus mutiert. Assoziationen zu diversen Technofantasien – wie etwa eines subkutan vernetzten Wesens – werden bewußt wachgerufen. Die coole Ästhetik medizinisch klinischer Versatzstücke und technoider Perfektion bildet den Rahmen eines auf Existentielles, Organisches, Geschlechtliches und Pathologisches verweisenden Mechanismus. Damit wird diese selbst künstlich am «Leben» erhaltene Kunstzelle auch als antropomorphe Maschine interpretierbar. Die den Vakuumsack verschließende Naht ist in diesem Zusammenhang ein bezeichnendes Detail der Verwobenheit organischer und technischer Referenzen. Das miteinander verbundene Matratzenpaar sowie das Sampeln von Stimmen sowohl weiblicher wie auch männlicher Hysteriker deutet darauf hin, daß diese Metaphorik des Menschlichen jede geschlechtsspezifische Festlegung absichtlich umgeht bzw. die Analogisierung von Geschlecht und Krankheit – wie im Falle der Hysterie als angeblich typisch weiblich – als historische Konstruktion überführt.

entity – are deliberately evoked. The detached aesthetic exuded by medical and clinical devices and by technoid perfection create an environment for a mechanism alluding to existential, organic, sexual, and pathological aspects. Consequently, this art cell, which is kept «alive» artificially, can also be interpreted as an antropomorphous machine. The seam closing the vacuum bag is a telltale detail indicating the intricate relationship of organic and technical references. The connected pair of mattresses, as well as the sampling of voices belonging to female and male hysterics suggest that these human metaphors deliberately circumvent any gender-specific determination, or disclose the matching of gender and disease – as was done in the case of hysteria as a presumably typically female condition – as a historical construction.

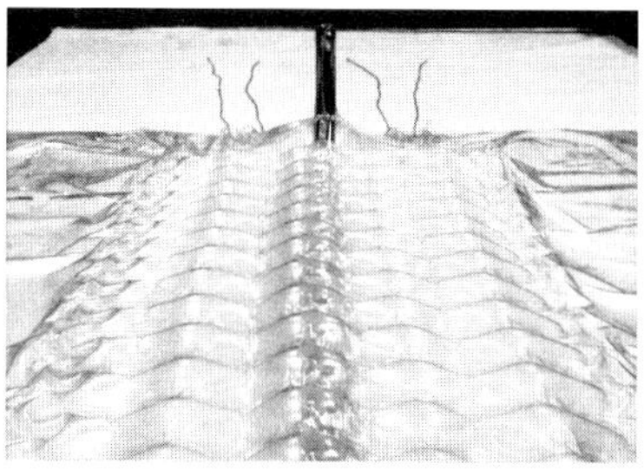

Herwig Weiser
Die verlassene Ruhezone eines Assistenzheiligen, 1996, Installation (Detail)

Franz Niegelhell

Zur Dialektik der Nachfrage

Was macht eine Position aus? Und, was ist eine Hitparade anderes, als eine selbstreferentielle Werbeveranstaltung für die Verbesserung der Assimilationsstrategien bei der Überführung von symbolischem in reales Kapital?

Ist eine Position innerhalb dieser Struktur wirklich von irgendwelchen Qualitätskriterien abhängig zu machen oder geht es dabei nicht vielmehr darum, die zu einem bestimmten Zeitpunkt am besten funktionierenden Strategien und Mittel so zu perfektionieren, daß die Verbindung der Moderne mit dem Kapitalismus, die dieser Tendenz zur Positionierung Vorschub leistet und sie recht eigentlich allererst erzeugt, so elegant[1] verschwiegen werden kann, daß ihre gleichzeitige Auszunutzung von allein funktioniert? Und ist letztendlich der erste Schritt für den Einstieg in den Markt – trotz «Grateful Dead» und alternativen und dissidenten Konsorten – sich kulturell zu positionieren, der Einstieg in einen Wettbewerb? Und ist weiters nicht das Sprechen über Positionierungen und diverse damit verbundene Abgrenzungsbestrebungen die beste Grundlage dafür, den Marktmechanismen bei ihren Konstituierungsmaßnahmen behilflich zu sein? Sowohl in der Countryparade, den Folklists, den wo auch immer bestplazierten Rockhits, dem Brit-Pop, dem deutschen Schlager und erst recht im System Kunst? Das sind natürlich alles Suggestivfragen, aber sie nicht zu stellen, hieße am Themenpulk dieser Ausstellung bewußt vorbeizureden.

Vor allem der Soziologe Pierre Bourdieu hat in seinen Schriften wiederholt darauf hingewiesen, daß die Auseinandersetzung über das «Interesse am Interesselosen» selber die Effekte ihrer eigenen Verschleierung produziert. Vor allem, wenn es darum geht, Abstand zu wahren oder auch erst zu erzeugen. «Die Kämpfe, bei denen es um das geht, was innerhalb der sozialen Welt zu Glauben, Kredit und Mißkredit, zu Wahrnehmung und Wertung, Erkennen und Anerkennen gehört – Name, Ruf, Prestige, Ehre, Ruhm, Autorität –, um das, was symbolische zu verbindlicher Macht werden läßt, betreffen stets nur die bereits ‹Distinguierten› und die ‹Aspiranten› auf Distinktion. Prätention, die Anerkennung der Distinktion, die sich als solche zu erkennen gibt im Versuch, diese sich zu eigen zu machen – und wäre es auch nur unter den trügerischen Formen des Bluffs oder der Imitate –, und darin, gegenüber den davon Ausgeschlossenen sich demonstrativ abzusetzen, bildet die Triebfeder für den – an sich banalisierenden – Erwerb der bislang am stärksten Unterschiede setzenden Merkmale, wertet sie damit ab und trägt dadurch zur Aufrechterhaltung der Spannung auf dem Markt der symbolischen Güter bei, daß sie die In-

Franz Niegelhell

The Dialectics of Demand

What makes a position what it is? Is it not true that pop charts are nothing but a self-referential commercial aiming at improving assimilation strategies for converting symbolic into real capital?

Should a position within this structure really be made dependent on some quality criteria, or is this not a question of how to refine the strategies and means best functioning at a certain time so that the link between Modernism and capitalism, a link which reinforces this positioning tendency and has actually generated it, can be elegantly[1] concealed, thereby making its concurrent use function without any ado? Is the first step taken to gain a foothold and find a cultural position on the market – despite «Grateful Dead» and other alternative, non-mainstream artists – not, in fact, the entry into a competition? Is it not true, furthermore, that talking about positions and various associated delimitation strategies is the best way to help market mechanisms constitute themselves – in country charts, the folk lists, as well as in the highest ranking rock hits, Brit pop, popular German songs, and, of course, in the art scene? Naturally, these are all suggestive questions, but not raising them would mean to deliberately shirk the topic of this exhibition.

It was particularly the sociologist Pierre Bourdieu who, in his writings, repeatedly pointed out that the discussion on the «interest in what is devoid of interest» generates the effects of its own obscuration – especially when the task is to maintain, or create, a distance.[2] The fact that this is true for Austria just as much as for any other country in the Western world can be illustrated by comments made by the federal curator Stella Rollig.[3] In light of this, any attempt to objectify the positioning of art production strategies in Austria pursued by those who could be called «aspirants» seems to end up, once again, in obscuration and concealment – particularly so, maybe, when the nice word «system criticism» is uttered in an institutionalized museum context.[4]

What makes a project like this one so intriguing is to select and present artistic strategies which turn the above structural problems into immanent factors of their genesis and implementation, or which show how they fail to respond, in this regard, to an institution like the 20er Haus (20228-0000042945, Michael Kienzer). Failing to respond, as is well known from communcation theory, is also a form of reaction to a specific situation. It would therefore be quite cheap to argue that refusal is an appropriate sign of institutional criticism or an adequate contribution to structural reform. For the reasons mentioned above it appears pointless, however, to interpret the

haber der von Verbreitung und Vermassung bedrohten distinktiven Merkmale zwingt, die Bestätigung ihrer Exklusivität in immer neuen Merkmalen zu suchen. Die aus dieser Dialektik hervorgehende Nachfrage ist per definitionem unerschöpflich, weil die abhängigen Bedürfnisse sich stets neu an einer Distinktion orientieren müssen, die sich ihrerseits an ihnen negativ definiert.»[2] Daß dies in Österreich wohl genauso zutrifft wie auch sonstwo in der westlichen Welt der Diskurse, mögen einige Sätze der Bundeskuratorin Stella Rollig veranschaulichen: «Was leider nicht sehr gut angenommen wurde, war die Gelegenheit, einen Dialog innerhalb der ‹cultural workers› zu initiieren. Wobei es mir immer um die Aufhebung der Unterscheidung zwischen Künstlern, Theoretikern, Kritikern geht. Ich mußte feststellen, daß diese Gruppe viel inhomogener ist, als ich dachte, es gibt eine Theoriefraktion, eine sozialaktivistische Fraktion, eine mehr populär-kulturell orientierte ‹Spaßfraktion›, und man will gar nicht so viel miteinander zu tun haben.»[3] Vor diesem Hintergrund scheint jeder Versuch, eine Positionierung von Kunstproduktionsstrategien in Österreich, die noch dazu dem Lager der «Aspiranten» zugerechnet werden müßten, zu objektivieren, von vornherein in die Tradierung der Verschleierung zu münden. Und dies um nichts weniger oder vielleicht sogar erst recht, wenn das schöne Schlagwort «Systemkritik» in den musealen, mithin institutionalisierten Rahmen gehängt wird. «Nichts steht einer derartigen Objektivierung ferner als jene artistische Infragestellung der Kunst, ... oder jene unter dem Etikett ‹Gegen-Kultur› firmierenden Manifestationen, die schlicht nichts anderes machen als eine Kultur einer anderen entgegenzusetzen – eine im relativ autonomen Feld der Kulturproduktion und -diffusion dominierte Kunst (die damit keineswegs schon Kunst der Unterdrückten ist) einer dominanten Kunst – und so die stets schon vorgesehene Rolle einer kulturellen Avantgarde spielen, die durch ihre eigene Existenz am Fortspinnen des kulturellen Spiels mitwirkt».[4] Das mithin immer ein Spiel zur Aufrechterhaltung der gesellschaftlichen Machtverhältnisse durch Distinktion ist. Vor allem, wenn man sich bewußt macht, daß die Moderne als Idee bedeutungslos wird, wenn man sie vom Problem des Kapitalismus trennt.

Von Interesse erscheint deshalb an einem solchen Projekt wie dem hier vorliegenden, eine Auswahl von künstlerischen Strategien zu treffen und zu präsentieren, die die oben angesprochenen Strukturproblematiken zu immanenten Faktoren ihrer Genese und ihrer Ausformulierung machen. Oder diesbezüglich ihre Reaktion auf eine Institution wie dem 20er Haus ausfallen lassen (20228-0000042945, Michael Kienzer). Denn auch das Nicht-Reagieren auf einen Tatbestand ist, wie aus der Kommunikationstheorie bekannt, eine Reaktion. So daß es ein recht billiges Argument wäre, zu behaupten, Verweigerung sei ein angemessenes Zeichen für Institutionskritik oder ein adäquater Beitrag zur Strukturreform. Allerdings muß es – aus den oben angedeuteten Gründen – unsinnig erscheinen, einen Auswahlbeitrag bei einer solchen Ausstellung als eine Art Leistungsschau von individuellen Dynamikern zu konzipieren. Denn spätestens seit Guy Debord sollte klar sein, daß der wahre Kern

selection at such an exhibition as a kind of performance show of individual dynamics. Thanks to Guy Debord it should be clear to everybody by now that the essence of the modern spectacle lies in its method to differentiate, and define the limits, between individuals. The only common feature, according to Debord, is isolation. (Against this backdrop, the data highway may be construed as a perfection of this separation and isolation.) It is interesting to note, in passing, that group formation – not only a reaction to social and economic conditions, which is, *per se,* very interesting when investigating how the state system affects art production (see, for instance, the studies by Ulf Wuggenig, Kurt Kladler, and Lioba Reddeker) – may be such a reaction to existing factors when the production and work contexts are thus made into a topic. (This is particularly true for the group G.R.A.M. and, in various degrees, also for FOND and 20228-0000042945).

In this connection, it is essential to point out that since the end of the 19th century one of the most important aspects of capitalistic Modernism has concerned the constant revolutionary changes of perceptive means and, hence, an upheaval in the conditions of sensual processing.[5]

This is exactly to what the work of the group G.R.A.M. refers when these artists respond very ironically, with quotations taken from the entertainment and mass communication sectors, to phenomena occurring in advertising and the leisure-time industry; additionally, this group uses trivial entertainment products in such a way as to amalgamate pretended and «authentic» events in order to create a lucid mixture which promotes the permeation and combination of the two factors to such an extent that they evidently become indistinguishable. Nothing is self-produced anymore. All elements found in the works of this artistic association are derived from media reality and are therefore parts of a sociological assessment of cloned perceptive patterns or, at least, of their public images and their manipulation, most frequently using, as their starting material, the multiplicity of trivial aesthetics. In a work entitled «Unser Wald» («Our Forest», *Neue Galerie Graz,* 1994) the artists had little tree-shaped air-fresheners with different scents dangle from the ceiling, like mobiles; on the wall, there was an airbrush picture, a view from a car showing a woman who is getting undressed. In this project, the artists explicitely alluded to the media coverage on the «Unterweger affair» [Jack Unterweger was charged with the murder of various prostitutes and killed himself in prison; note of the translator] which gave rise to considerable *petit bourgeois* voyeurism keen on confounding an imaginary world depicted by the yellow press with reality – particularly when the investigations disclosed that important public figures were also among those who satisfied their voyeuristic desires as they watched, from their cars parked in small woods, the services rendered by prostitutes. Therefore, a peculiar fragrance was exuded by these tree-shaped air fresheners which, incidentally, can be found dangling in many cars as symbols of artificial cosiness. This was one of the reasons why the installation was positioned next to the gallery restrooms, a place of a petty-minded, «dirty» and

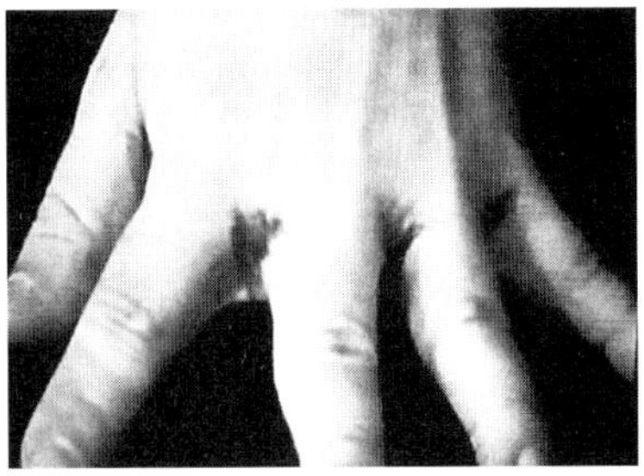

G.R.A.M.
Such a Feeling, 1995, Videostill

der modernen Gesellschaft des Spektakels in ihrer Methode besteht, zwischen Individuen zu unterscheiden und Grenzen zu ziehen. Das einzige Gemeinsame sei die Isolation, meinte Debord.[5] Als Marginalie sei deshalb hier auch erwähnt, daß die Gruppenbildung – nicht nur eine Reaktion auf soziale und wirtschaftliche Bedingungen, was per se für die Untersuchung von Faktoren der Einwirkungen des staatlichen Systems auf die Kunstproduktion allerdings von großem Interesse ist (siehe etwa die Studien von Ulf Wuggenig, Kurt Kladler und Lioba Reddeker) – eine solche Reaktion auf bestehende Faktoren sein kann, wenn damit der Produktions- und Arbeitszusammenhang zum Thema gemacht wird. (Dies ist vor allem bei der Gruppe G.R.A.M. der Fall und in unterschiedlichen Ausrichtungen auch bei FOND und 20228-0000042945.)

Wesentlich daran ist in diesem Zusammenhang, daß seit dem Ende des 19. Jahrhunderts einer der wichtigsten Aspekte der kapitalistischen Moderne die konstante Revolutionierung der Wahrnehmungsmittel und damit die Umwälzung der Bedingungen für die Sinneswahrnehmung ist. «Die Geschwindigkeit, in der immer wieder neue visuelle Technologie und dazugehörige Hard- und Software eingeführt werden, nimmt immer weiter zu. Wir haben immer weniger Zeit, uns an irgendetwas zu gewöhnen. Es bleibt uns nichts als das Bewußtsein, daß jede Technologien, die wir benutzen, bereits bald überholt und veraltet sein wird. Mit diesem Trend geht einher, daß wir in ganz grundsätzlicher Weise darauf gedrillt werden zu glauben, es sei ‹natürlich›, unsere Aufmerksamkeit schnell von einer Sache auf die andere zu lenken. Das ist im Prinzip nicht falsch oder schlecht, aber unsere neuerworbenen beschleunigten visuellen Kräfte dienen ja nichts Interessantem, sondern hauptsächlich deprimierend seichten Produkten der Unterhaltungsindustrie.»[6]

Die Arbeiten der Gruppe G.R.A.M. nehmen genau darauf Bezug, indem sie in Zitaten der Unterhaltungsindustrie und der Massenkommunikation auf Phänomene der Werbung und Vergnügungsindustrie auf eine sehr ironische Weise reagiert und die seichten Produkte der Unterhaltungsindustrie als Material verwendet, um Vorgegebenes und «authentisches» Erleben so ineinander übergehen zu lassen, daß eine luzide Mischung entsteht, die die gegenseitige Beeinflussung und Durchdringung beider Faktoren so weit vorantreibt, daß ihre Ununterscheidbarkeit evident wird. Nichts ist hier mehr selbst produziert. Alle Elemente der Arbeiten der Künstlervereinigung entstammen der Medienrealität und sind somit ganz offensichtlich einmal eine Art soziologischer Bestandsaufnahme von geklonten Wahrnehmungsmustern oder zumindest deren öffentlichen Bildern und ihrer Manipulierbarkeit, die zumeist die Multiplizität der Trivialästhetik als Material zum Ausgangspunkt haben. Wenn sie etwa in der Arbeit «Unser Wald» (Neue Galerie Graz, 1994) 200 unterschiedlich duftende Wunderbäume wie bei einem Mobile von der Decke baumeln lassen und an die Wand ein Airbrush-Bild hängen, das den Blick aus einem Auto auf eine Frau zeigt, die sich für den Betrachter auszieht, dann beziehen sie sich damit ganz explizit auf die Medienberichterstattung, die während der Recherchen

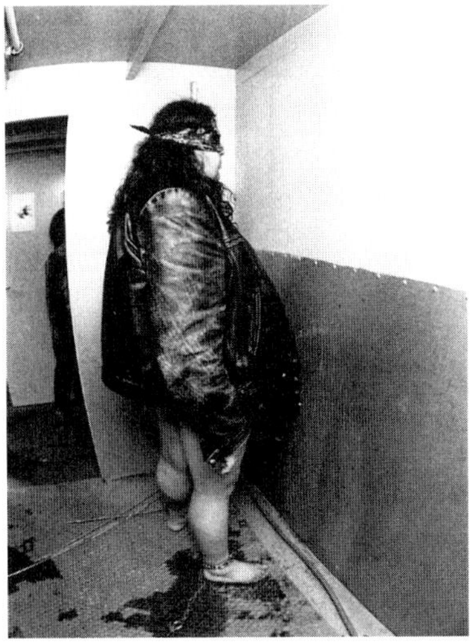

G.R.A.M. präsentiert:
Hermes Phettberg, Am Klo (Freibier), 1995,
Der Sadomasochist steht der Öffentlichkeit
zum Anurinieren zur Verfügung, Ort: Mobiler
Klowagen, Autobahnparkplatz Graz-West

«reeking» sewer of repression. Similarly, in «Such a Feeling» (1995) a slogan taken from the beautiful free world of advertising was pitted against parents' attempts to chastise their pubescent sons. These attempts were expressed in strange metaphors, such as growing hair between the fingers because of excessive masturbation. Both statements were counteracted by exposing their ludicrousness. The group showed in 1994 that such topics could also be approached in quite different settings, i.e. in large-scale events using the media. The artists invited Hermes Phettberg to come to Graz and created posters with bright letters saying «Hermes Phettberg in the Loo». These posters referred to a public happening taking place near the freeway stub portion Graz-West in a park-and-ride area, where Hermes Phettberg, an avowed sadomasochist, indulged in his desires of being available to everyone. Free beer was also served.

Only professionals are invited to participate in the production process. The large-scale paintings frequently seen in G.R.A.M. installations, for instance, are made by a professional airbrush painter who is actually a car designer (see the picture «Max and Moritz»). The work presented in the 20er Haus consists of video films to be watched on a few monitors, some utensils available for re-enacting the scenes shown, and a large airbrush painting. As for its logic and atmosphere, the assembly of these individual elements is reminiscent of an run-down airport counter, of a situation, therefore, which is only made up of call-and-response availabilities and prefabricated standard pieces of courtesy and pretended interactivity. Because the videos are there to allow for re-enactment, the simulation of the simulation is equated with experiencing the events, and private reality, which consists of a selected construct, is equated with media reality. This constant infiltration by and of the media is given the same value as authentic experiences. «By multiplying an originally experienced notion the actual sensation appears to be cloned.» (Elisabeth Fiedler) Perpetuating this thought, we could say that interference and access are only possible in that system to which one belongs. The absence of self-production is transferred to the visitor. Moreover, the superficial aesthetic quality is shown as a surface which, by means of system changes, has been fragmented several times. In its projects, the group has always regarded a project as a reality in its own right. Invitation cards, for instance, are an integral part. They might have the plot of a B-movie printed on them – a porno film actor telling his father, who would like to visit him, that he has become a movie star, the film crew supporting him in his lying. The recipient, consequently, finds himself in a different level of reality in which all actions presented are shrouded in a strange ambiguity. The viewer is constantly confronted with a game which involves existing patterns and takes place on the interfaces of art, triviality, and vagueness. They extend into the various systems, not only making them appear as integral entities, but also indicating a pseudo-equality of mass media and their fractions of public awareness, because they unveil hidden structures of hierarchy and their ramifications by ironically fragmenting real-

G.R.A.M.
Unser Wald, 1994, Installation, Airbrush-Bild, 70 x 100 cm, 300 Duftbäumchen, Neue Galerie, Graz

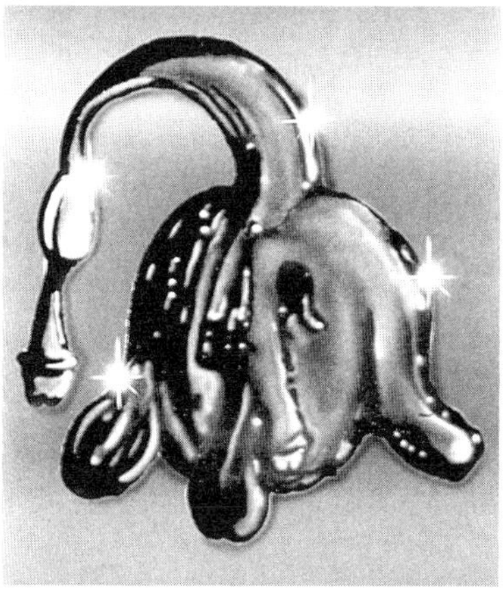

G.R.A.M.
Such a Feeling, 1996, Airbrush auf Siebdruck, 100 x 70 cm

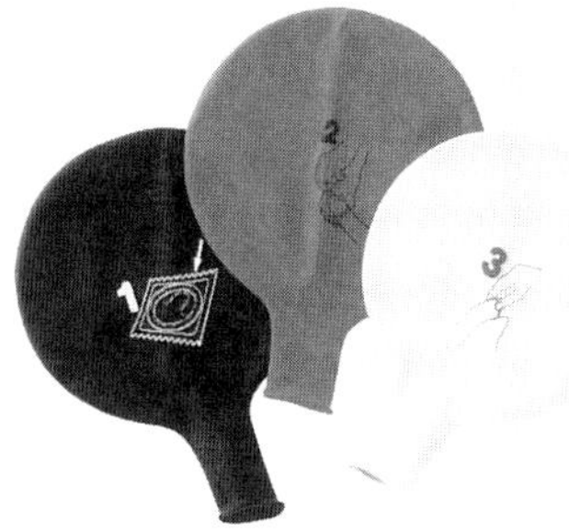

G.R.A.M.
Ohne Titel, 1993, Offsetdruck auf Gummiballons, 20 bzw. 80 cm

zum «Fall Unterweger» statthatte und einem kleinbürgerlichen Voyeurismus Vorschub leistete, der nur zu gern die in den Boulevardblättern künstlich erzeugte Imagination mit der Realität verwechselte. Vor allem, als im Zuge dieser Recherchen publik wurde, daß auch hochgestellte Persönlichkeiten des öffentlichen Lebens die Dienste bezahlbarer Damen gern in kleinen Wäldern, aber nur aus dem Auto heraus in voyeuristischen Anspruch nahmen, so daß die Chiffre der Duftbäume, die in vielen Autos als Synonym für künstliche Heimeligkeit herumhängen, einen ganz besonderen Geruch erhielt. Nicht zuletzt deshalb wurde die Installation auch neben dem Klo der Galerie, dem stillen Örtchen der kleinbürgerlichen «dreckigen» und gleichzeitig «miefigen» Verdrängungskanalisation, angebracht.

Ähnlich auch bei «Such a feeling» (1995), wo einem Slogan aus der schönen freien Werbewelt die sich zu Metaphern verkrampfenden Züchtigungsversuche – Haarwuchs zwischen den Fingern durch Masturbation – der männlichen Pubertät durch ihre Elternteile entgegengestellt werden, womit beide durch ihre gegenseitige Lächerlichkeit konterkariert werden. Daß diese Thematiken auch in ganz anderen, medial aufbereiteten Großveranstaltungen abgehandelt werden können, zeigte die Gruppe 1994, als Hermes Phettberg von ihr nach Graz eingeladen wurde. «Hermes Phettberg am Klo» verkündete das Plakat in leuchtenden Lettern seinerzeit, um auf eine Art öffentliche Großveranstaltung am Autobahnstumpf Graz-West, einem «Park and Ride»-Gelände, hinzuweisen, wo sich der Sado-Masochist Hermes Phettberg den erhofften Gelüsten nach seiner Verfügbarkeit hingab. Und dazu wurde Freibier ausgeschenkt.

Für die Produktion selber werden durchgehend Professionalisten beauftragt. So werden auch die großen Bilder, die immer wieder bei den Installationen von G.R.A.M. auftauchen, von einem Airbrush-Malerei-Profi angefertigt, der aus dem Bereich des Automobil-Designs kommt (siehe dazu auch die Abbildung «Max und Moritz»). Die Arbeit, die sie im 20er Haus zeigen, besteht aus Videofilmen, die auf einer Reihe von Monitoren zu sehen sind sowie einigen Utensilien, die zum Nachspielen der gezeigten Szenen zur Verfügung stehen und einer großen Airbrushmalerei. Die Anordnung der einzelnen Versatzstücke entspricht in ihrer Logik und Atmosphäre etwa der eines etwas heruntergekommenen Flughafenschalters. Einer Situation also, die nur aus Call-and-Response-Verfügbarkeiten mit vorgefertigten Standardfreundlichkeiten und vorgeblicher Interaktivität besteht. Dadurch, daß die Videos zum Nachspielen sind, wird die Nachahmung der Nachahmung mit dem Erleben gleichgesetzt, die private Realität, die ja aus einem ausgewählten Konstrukt besteht, mit der Medienrealität. Die unentwegte Infiltration durch die und auch der Medien selber erhält den selben Stellenwert wie authentische Erfahrung. «Mit der Vervielfältigung einer Vorstellung von originaler Erlebbarkeit erscheint die tatsächliche Empfindung geklont.» (Elisabeth Fiedler). Weitergedacht heißt das, daß hier gezeigt wird, daß Eingriff und Zugriff nur innerhalb des Systems, dem man angehört, möglich sind. Das Nicht-mehr-selber-Produzieren

ity. It is certainly not true that the mass media are egalitarian, nor that the new communication networks will be in the future. Exclusive claims to power and hierarchic methods come into play here. That is why zapping through different levels and systems of reality is, in fact, a strategy of responding to the revolutionary changes of perceptive means which make it impossible to think in terms of stable models.

The loose grouping FOND from Graz is dealing with the reality of symbolic appearances, thereby producing such a reality itself. For several years, FOND was synonymous with a house serving as a center for subcultural activities and various forms of (self)presentation. These slowly developed into a kind of forum for exhibitions and loose gatherings of those commonly known as the «scene». Those joint efforts displayed by several individualists culminated in the FOND-SHOWS which were, and still are, dedicated to a certain topic. They could be called a conglomerate made up of such diverse elements as show, concert, club talk, and visitor games, and serve as a television studio, an adult evening class, a hairdresser's salon, and a fun fair for the intellectual family.

(In the 20er Haus the opening event is organized in cooperation with the *Wiener Panoptischer Kreis).*

This event deals with the myths of everyday life in an ironic and very entertaining manner. Social-democratic Labor Day celebrations on May 1 are portrayed just as sarcastically and superficially as hollow expressions of tradition as the history of Rock 'n' Roll or the 70's revival fashion fad.

Despite, or maybe because of, this very entertaining way of walking along the fault lines bordering the cultural realm this is a discourse-like method of refusing discourse. While FOND is very different from G.R.A.M., it also deals with the symbolic values taken from the quotation treasury of media reality. Not just in their historical genesis but also in the way they are staged, the FOND-SHOWS constitute a social reaction to the conditions governing the art system. *Agents provocateurs* mingle with the crowd, and cameramen, just as much as the host, are actors participating in the show. This interaction between all those involved (technicians, computer specialists, as well as the hosts) helps transform chaos into unity. The incorporated quotations taken from a variety of fields such as art history, the history of shows or that of trivial myths form a self-organizing system fed by the criticism levelled at it just as much as by the pleasure derived from changing it. It is a self-organizing system, therefore, which varies depending on the place and situation, and which keeps breaking up identification patterns – one's own as well as definition attempts from outside required as comprehension aids. Various media realities are presented as a farce with self-ironic composure, one-way communication being turned, thanks to the involvement of different levels, into a festive discourse. A discourse which shows that elements such as quotations used as cultural expressions, the pleasure taken in playing with them, the self-ironic breaks when appropriating them, and attempts at an autonomous self-defini-

wird auf den Besucher übertragen. Dazu kommt noch, daß die oberflächliche Ästhetik hier als Oberfläche gezeigt wird, die durch Systemwechsel mehrere Brechungen hinter sich hat. Bei den bisherigen Arbeiten der Gruppe wurde immer ein Projekt als eigene Realität behandelt. So sind etwa die Einladungskarten fixer Bestandteil. Auf ihnen steht beispielsweise der Plot einer Geschichte aus einem B-Movie, in dem ein Pornodarsteller seinem Vater, der ihn besuchen möchte, vormacht, er habe Karriere beim Film gemacht, und das Filmteam unterstützt ihn dabei, so daß der Rezipient sich in einer anderen Realitätsebene befindet, in der alle präsentierten Handlungen seltsame Doppeldeutigkeit erlangen. Es ist immer ein Spiel mit vorhandenen Schemata, das an Schnittstellen von Kunst, Trivialität und Vieldeutigkeit stattfindet, die immer in die verschiedenen Systeme reichen und sie nicht nur als zusammengehörig ausweisen, sondern auch den Pseudoegalitarismus der Massenmedien und der damit verbundenen Bruchteile des öffentlichen Bewußtseins aufzeigen, indem es durch die ironischen Brechungen der Realitätsfragmente zu Offenlegungen von versteckten Strukturen der Hierarchie und ihren Ausformungen kommt. Es ist ja keineswegs der Fall, daß die Massenmedien egalitär sind oder daß die neuen Kommunikationsnetze es in Zukunft sein würden. Tatsächlich sind exklusive Machtansprüche und hierarchische Methoden damit verbunden. Weshalb letztendlich auch das Zappen durch verschiedene Realitätsebenen und -systeme eine Strategie der Reaktion auf die Revolutionierung der Wahrnehmungsmittel ist, die das Denken in stabilen Modellen verunmöglicht.

Die lose Grazer Gruppendynamik FOND beschäftigt sich mit der Realität des symbolischen Scheins und produziert damit selber eine solche Realität.

Der FOND war in Graz einige Jahre lang ein Synonym für ein Haus, in dem subkulturelle Tätigkeiten gebündelt auftraten und sich unterschiedliche Formen der (Selbst-)Darstellung so weit etablieren konnten, daß sich bald eine Art Forum entwickelte, das sich in verschiedenen Ausstellungen und der losen Formierung von etwas, was gemeinhin als «Szene» bezeichnet wird, bündelte. Zu einem prägnanten Ausdruck für die Gemeinschaftlichkeit von Individualisten wurden schließlich die FOND-SHOWS, die jeweils zu einem bestimmten Thema abgehalten wurden und werden. Sie sind ein Konglomerat aus Conférence, Konzert, Club-Gespräch, TV-Studio, Publikumsspiel, Volkshochschule, Frisiersalon und Volksfest für die Intellektuellenfamilie.[7]

Es ist ein ironischer und gleichzeitig lustvoller Umgang mit den Mythen des Alltags. Sozialdemokratische 1. Mai-Feiern werden genauso unbarmherzig oberflächlich als leere Formel aus Tradition aufs Korn genommen wie die Geschichte des Rock 'n' Roll oder die 70ies Revival Modewelle.

Mithin ist es – trotz und auch gerade wegen des lustvollen Umgangs mit den Bruchlinien an den Grenzen des Kulturspiels – eine diskursive Art der Diskursverweigerung. Auch der FOND geht, wenn auch auf ganz andere Art wie G.R.A.M., mit den symbolischen Werten aus dem Zitatenschatzkästlein der Medienrealität um. Die FOND-SHOWS sind nicht nur von ihrer historischen

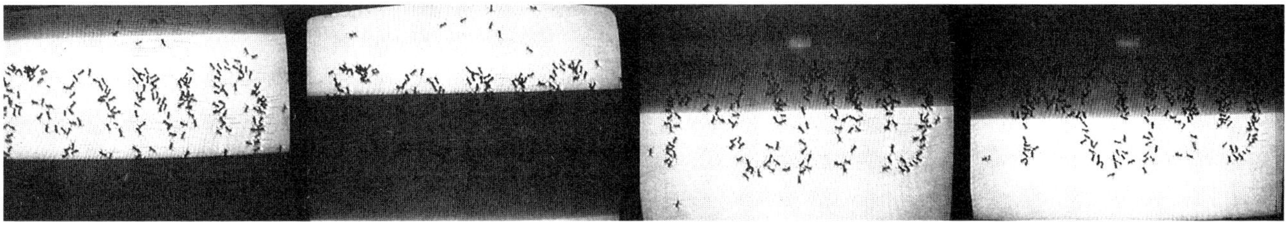

FOND
Zentralschauplatz, 1996, Videostills

tion are caused by, and inextricably linked with, each other so that the existence of a single element is, in itself, not possible because self-reflexivity can only result from a comparative link to something else. Hence, it is impossible to engage in a discourse claiming to be a meta discourse on the media, oblivious of the fact that it is formed by the connection of elements similar to, or identical with, those of its topics. This means that self-reflexivity as an end in itself is nonsense because meta self-reflexivity deprives itself of its own condition and reason, which is bound to lead to self-dissolution.

When dealing with institutionalized space, 20228-0000042945 has found a terse formula which does not escape, from an alleged refusal to re-systematize approaches that criticize the system, into a refusal devoid of any consequences. (The questions to be raised are, of course, who, and for which historical reasons, can actually afford such a refusal, and whether Siegfried Kracauer is right when he asks the rhetorical question as to who can change institutions except for those finding their way into them.) Rather, this formula makes use of the institution without giving away anything. A strikingly simple strategy which consists of providing a company with its «own» space in the exhibition room where it can put up and run a sales stand, and of charging a rent for it so that this money can be used for other art projects. This means that the museum, which makes available its infrastructure, is turned into the actual topic. In doing so, 20228-0000042945 avoids superficial aesthetic discussions aiming at concealing power diversification. By exposing the work concept as a capitalistic term, he combines the approaches taken by Guillaume Bijl, who equated media conditions of real and cultural systems in the architectural and interior design environment, with those by Heimo Zobernig, who presented contextual conditions of cultural diffusion. He does so within the art system, which they are a part of, guiding them into economic and social practice, without, however, taking the detour of obscurement.

The institution is thereby exposed, utilized, and counteracted by a social reaction to the conditions governing the art system.

Michael Kienzer's work interferes in the architecture of the building, eliminating the function of this architecture. The artist hit the nail on the head by depriving the staircase, which actually – and symbolically – links the collection and showrooms with the exhibition room, of its function. He succeeds in this by resorting to a simple ploy with far-reaching consequences. By spanning a carpet – a representational object – across the staircase in such a way as to

Genese, sondern auch von ihrem Ablauf her eine soziale Reaktion auf die Gegebenheiten des Betriebssystems Kunst. «Agentes Provocateurs» sind im Publikum verteilt und verhalten sich. Kamerateams sind Akteure genauso wie der Showmaster. Das Zusammenspiel aller Beteiligten (Techniker und Computerspezialisten genauso wie Moderatoren) ergibt eine Zusammenführung chaotischer Zustände zu einer Einheit. Die eingebauten Zitate aus den verschiedensten Ebenen von Kunstgeschichte, Showgeschichte und der Geschichte der Trivialmythen werden zu einem sich selbst organisierenden System, dessen Material sich aus der Kritik daran genauso ergibt wie aus der Lust an der Veränderung desselben. Ein sich selbst organisierendes System also, das sich je nach Ort und Situation anders ergibt. Mithin allerdings auch eines, das Identifikationsmuster andauernd bricht. Sowohl die eigenen als damit auch die zur Faßbarkeit von außen kommenden nötigen Definitionsversuche. Mit selbstironischer Gelassenheit zelebriert frau/man hier also verschiedene Medienrealitäten als Farce, wobei die Einwegkommunikation durch das Changieren auf verschiedenen Ebenen zu einem Diskurs des Festes mutiert. Ein Diskurs, der seinerseits wieder zeigt, daß das Zitat als Kulturausdruck, die spielerische Lust daran, die selbstironische Brechung im Zuge der Aneignung solcher Versatzstücke und der Versuch autarker Selbstdefinition untrennbar miteinander verbunden sind und einander so weit bedingen, daß die Existenz eines Elementes aus sich heraus nicht möglich ist, weil die Selbstreflexivität sich erst aus der wie auch immer gearteten vergleichenden Anbindung an anderes entwickeln kann, mithin auch ein Diskurs nicht möglich ist, der von sich behauptet, ein medialer Metadiskurs zu sein und dabei vergißt, daß er aus der Verbindung ähnlicher und gleicher Elemente besteht wie seine Themen. Was heißt, daß Selbstreflexivität als Selbstzweck Unsinn ist, weil Metaselbstreflexivität sich ihrer eigenen Bedingung und damit ihres Grundes beraubt, was zwangsläufig zur Selbstauflösung führen muß.

20228-0000042945 schließlich hat für den Umgang mit dem institutionalisierten Raum eine lapidare Formale gefunden, die nicht aus einer behaupteten Verweigerung der Resystematisierung von systemkritischen Ansätzen in die Konsequenz der konsequenzlosen Verweigerung flüchtet – dazu muß man auch immer mitdenken, wer sich aus welchen historischen Gründen eine solche Verweigerung überhaupt leisten kann, und weiterfragen, ob nicht Siegfried Kracauer recht hat, wenn er sinngemäß die rhetorische Frage danach stellt, wer Institutionen ändern könne außer den Menschen, die sich in sie hineinbegeben – sondern die Institution für sich nutzt, ohne etwas von sich herzugeben. Eine verblüffend einfache Strategie, die darin besteht, einem Wirtschaftsunternehmen «seinen» Platz im Ausstellungsraum als Möglichkeit zur Verfügung zu stellen, um einen Verkaufsstand einzurichten und zu führen und dafür Miete einzuheben. Und das Geld für weitere Kunstprojekte zu benutzen. Das heißt, das Museum, das sich hier als Infrastruktur offenbart, als solche zu thematisieren. Er läßt sich damit auch nicht auf die oberflächlichen ästhetischen Diskussionen zur Verschleierung von Machtdiversifikationen ein. Indem er

20228-0000042945
Abtragung des Großglockners auf 3790 m (geplantes Projekt)

make it impossible to walk on it, he blocks off history, i.e. the collection, from the show of «young» art. «Coming up» is not necessary because the topic takes place on the floor. Moreover, he refers to the dialectic of practical usage and systemic conditions. By connecting discourses he creates, within a negation, those links between social, historical, and architectural requirements which specifically build up the «exhibition» system in the 20er Haus. Thus, Kienzer presents, *ex negativo,* the bonds between various cultural productions, thereby calling them into question.

A strategy which he pursued with similar poignancy but different formal means was expressed in his work «Roter Teppich der Stadt Graz» («Red Carpet of the City of Graz», 1995). He exhibited the symbol of the official representational culture of Graz in the City Museum as a classical sculpture (rolled up to form a column), divesting it of its real practical value. The Styrian Museum wanted to buy the sculpture, i.e. to acquire it as an art object. Since the City of Graz possessed the carpet only as an object to be used and not as a work of art, it had to provide financial assistance to the province of Styria for the purchase. This allowed the artist to allude to the ontological difference between various object states and to generate, at the same time, a real sculpture of public space which could expose symbolic space without concealing its underlying mechanisms.

Most of Kienzer's sculptures deal with such a new definition of the plastic concept which results from the link between a formal solution and the presentation of symbolic values and structural connections. By adopting such an approach, he alludes, in logical consistency and stringency, to the intimate bonds between real form and its symbolic standards. Most frequently, as seen in the Viennese bar «Trabant», he does so with a simple interference visualizing and exposing existing structures hidden behind appearances. In the Trabant it only took for a simple hole in the wall to refer to the architectural requirements – hidden rooms – of architectural contexts. He also used a cord traversing the main hall of the *Grazer Kulturhaus* as a space-creating device to trace the entire history of the exhibition room, alluding to its previous function as a stateroom in the former residence of a Styrian family of noble descent. Here again, he brings together various discourses, which is made possible by three-dimensional interventions. A feature displayed even more prominently than in «Korsage/Patchwork» (done in conjunction with Manfred Erjautz) is additional room for action created by the artist by connoting the place, which leads to a disclosure or new interpretation of its significant features. Intervention, contradiction, and interference are thus used as means to expose the concealed interpretation of the place and of all associated problems, which are not left unaddressed but turned into the topic of discussion. The same hold true when Kienzer, in the Carinthian Gallery, makes a wall-to-wall carpet, simply by removing it, bear witness to the transitoriness of the room surrounding it, as well as to the cultural strategies employed to hide this transitoriness by claiming its manifest nature.

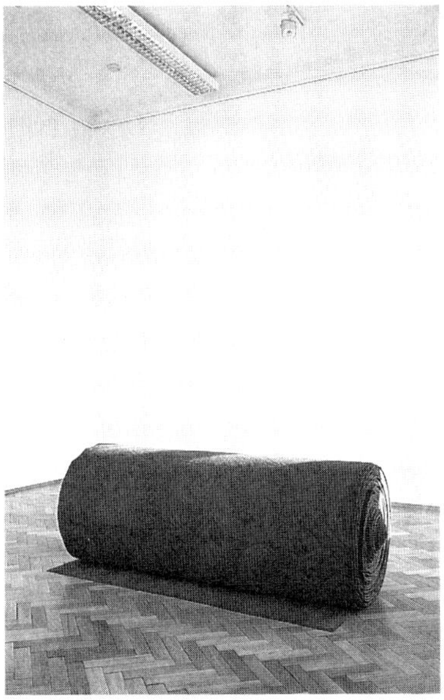

Michael Kienzer
Roter Teppich der Stadt Graz, 1995

Michael Kienzer
Roter Teppich, Installation, Museum moderner Kunst Stiftung Ludwig Wien im 20er Haus, Wien, 1996

noch dazu den Werkbegriff als kapitalistisches Vokabular bloßlegt, vereinigt er Ansätze, wie sie etwa Guillaume Bijl mit seiner Gleichsetzung von medialen Bedingtheiten der realen und der kulturellen Systeme im Architektur- und Einrichtungsenvironment und Heimo Zobernig mit seiner Thematisierung der kontextuellen Bedingtheiten von Kulturdiffusion im System Kunst vertreten, wo sie ja auch herkommen, und führt sie in die ökonomische und soziale Praxis, ohne allerdings dabei den Umweg über die Effekte der Verschleierung zu gehen.

Die Institution wird dabei durch eine soziale Reaktion auf die Bedingungen des Betriebssystems Kunst gleichzeitig offengelegt, ausgenutzt und konterkariert.

Michael Kienzer wiederum setzt mit seiner Arbeit, die einen einfachen Eingriff in die Architektur des Gebäudes darstellt, die Funktion dieser Architektur außer Kraft. Wobei er einen elementaren Nerv getroffen hat, indem er die Treppe, die den Sammlungs- und Schauraum und den Ausstellungsraum nicht nur praktisch, sondern auch symbolisch miteinander verbindet, ihrer Funktion beraubt. Dies gelingt ihm mit einem einfachen Kunstgriff, der große Konsequenzen nach sich zieht. Zum einen wird dadurch, daß er einen Teppich – ein Repräsentationsobjekt – so über die Treppe spannt, daß die Treppe nicht begehbar ist, für die Schau «junger» Kunst die Geschichte (die Sammlung) ausgesperrt. «Coming Up» ist also gar nicht nötig, weil das Thema am Boden stattfindet. Zum anderen verweist er damit auf die Dialektik von Gebrauchswert und systemischen Bedingungen. Durch diese Verbindung von Diskursen schafft er auch in der Negation eine Verbindung von sozialen, historischen und architektonischen Voraussetzungen, aus denen das System «Ausstellung» im 20er Haus konkret besteht. Kienzer thematisiert also ex negativo die Zusammengehörigkeit verschiedener Kulturproduktionen und stellt sie somit erst recht in Frage.

Eine Strategie, die er mit ähnlicher Prägnanz, aber unterschiedlichen formalen Mitteln etwa auch bei seiner Arbeit «Roter Teppich der Stadt Graz» (1995) angewandt hatte. Dabei hatte er das Signum der offiziellen Repräsentationskultur der Stadt Graz im Grazer Stadtmuseum als klassische Skulptur (zusammengerollt als Säulenform) ausgestellt und es somit seines realen Gebrauchswertes entledigt. Nun wollte aber das Steirische Landesmuseum die Skulptur kaufen, mithin als Kunstobjekt erwerben. Nachdem die Stadt Graz den Teppich aber nur als Gebrauchsgegenstand und nicht als Kunstwerk besessen hatte, mußte sie das Land finanziell beim Ankauf unterstützen, wodurch der Künstler exemplarisch auf den ontologischen Unterschied verschiedener Objektzustände hingewiesen hat, wobei er gleichzeitig als eigentliche Leistung eine wahre Skulptur des öffentlichen Raumes erzeugt hat, die den symbolischen Raum offenlegen konnte, ohne seine Wirkmechanismen zu verschweigen.

Michael Kienzer
Trabant / Durchbruch, 1996

Die meisten der Skulpturen des Künstlers setzen sich mit einer solchen Neudefinition des Plastikbegriffs auseinander, die sich aus der Verbindung

His work in the 20er Haus should be viewed from this vantage point – a refusal to call an attitude definite which, as shown by the artist, will always be relative and approachable only by combining the factors constituing it.

Michael Kienzer
Parabel, 1994/95, rote Kordel, 25 m, Kulturhaus Graz

Michael Kienzer
Demontierter Teppich, 1992, Kärntner Landesgalerie

1 Elegance, in its distinguished quality, is a typical weapon used in the struggle to make symbolic discussions not become aware of each other, but to see to it that they «necessarily take on the form of a competitive contest contributing to re-creating distances, the basis of racing.» (translated from: Pierre Bourdieu, Die feinen Unterschiede. Kritik der gesellschaftlichen Urteilskraft, suhrkamp taschenbuch wissenschaft. Frankfurt 1991, p.390)

2 «Fighting for what is associated, in society, with faith, repute and disrepute, perception and appraisal, recognition and acknowledgment – name, reputation, prestige, honor, fame, authority – i.e. for what turns symbolic power into real power, concerns only those who are already «distinguished», or who «aspire» to distinction. Pretention, the recognition of distinction, which reveals its identity in the attempt to appropriate it – if only under the deceptive guise of bluffing or imitating, as well as by separating itself ostensibly from what is excluded – is the driving force of the, in fact, trivializing acquisition of the most distinctive features, thereby devaluing them and contributing to maintaining the suspense on the market of symbolic commodities, so that it forces those in possession of distinctive features threatened by dissemination and proliferation to confirm their exclusiveness by new features. The demand resulting from this dialectic is, by definition, inexhaustible since dependent needs have to keep looking for a new distinction which, in turn, is negatively defined by them.» (Bourdieu, op.cit., pp.391)

3 «Unfortunately, the idea of initiating a dialog among «cultural workers» was not very well received. I always think it's important to stop differentiating between artists, theoreticians, and critics. I realized, however, that this group is much more inhomogeneous than I thought. There is a theory faction, a social activist faction, a «fun faction» more inclined towards popular culture, and these factions don't really want to mingle.» (Quoted from an interview in the magazine *Neue Bildende Kunst,* April-May 96 issue, p.95, in which Rollig takes stock of her activities, particularly in the Vienna «Depot»)

4 «Nothing is less typical of such an objectification than artistically calling art into question, ... or than staging manifestations under the heading of «counter culture» which do nothing but pit one culture against another – an art dominated in the relatively autonomous realm of cultural production and diffusion (which does not, by any means, make this art the art of the suppressed) by a dominant art –, thereby playing the allotted role of a cultural avant-garde which, by its very existence, contributes to perpetuating the cultural game.» (Bourdieu, op.cit. pp.390) – which, therefore, is invariably a game of social power structures established by distinction.

5 «The speed with which new visual technologies and the associated hardware and software are introduced is constantly increasing. We have less and less time to get used to things. All that we are aware of is that each technology we use will soon be outdated and obsolete. This tendency goes hand in hand with efforts to inculcate in us the belief that it is «natural» to turn our attention very quickly from one thing to another. This is not bad or wrong in it-

Michael Kienzer
Korsage / Patchwork, 1994, mit Manfred Erjautz, Universität Graz

einer formalen Lösung mit der Thematisierung symbolischer Wertigkeiten und Strukturzusammenhänge ergibt. Damit verweist er in logischer Konsequenz und Stringenz auf die Zusammengehörigkeit von realer Form und ihren symbolischen Maßstäben. Meist – wie etwa im Wiener «Trabant» – durch einen einfachen Eingriff, der die bestehenden Strukturen, die sich hinter Gegebenheiten verbergen, sichtbar macht und offenlegt. Im Trabant reicht ein einfaches Loch in der Wand, um auf die historischen Voraussetzungen – versteckte Räume – der Architekturzusammenhänge hinzuweisen. Oder er präsentiert mit einer Kordel, die den Hauptraum des Grazer Kulturhauses als raumgebendes Mittel durchmißt, die gesamte Historie des Ausstellungsraumes, indem er solchermaßen auf die ehemalige Funktion des Raumes als Prunk- und Schauraum im ehemaligen Familiensitz eines alten steirischen Adelsgeschlechts aufmerksam macht. Auch hier wieder eine Zusammenführung von Diskursen, die durch eine plastische Intervention ermöglicht wird. Was hier noch zusätzlich – stärker etwa noch bei «Korsage/Patchwork» (gemeinsam mit Manfred Erjautz) – eröffnet wird, ist ein zusätzlich entstehender Handlungsraum, den der Künstler mit dem Besetzen eines Ortes, das zu einer Offenlegung beziehungsweise neuen Lesbarkeit der Signifikanten des Ortes und des Raumes führt, erst möglich macht. Eingriff, Widerspruch und Störung werden hier also als Mittel verwendet, um die versteckte Lesbarkeit eines Ortes freizulegen. Und aller damit zusammenhängenden Probleme, die hier nicht verschwiegen werden, sondern zum Thema einer Auseinandersetzung gemacht werden. Genauso, wenn Kienzer in der Kärntner Landesgalerie einen Spannteppich durch einfaches Demontieren dazu bringt, über die Vorläufigkeit des ihn umgebenden Raumes und die kulturellen Strategien, die eingesetzt werden, um diese Vorläufigkeit zu verschweigen und als manifest zu behaupten, Zeugnis abzulegen.

Letztendlich ist sein Statement im 20er Haus wohl auch in dieser Hinsicht zu verstehen. Nämlich als Verweigerung, einen Standpunkt als definitiv zu behaupten, der, wie der Künstler hier zeigt, doch immer nur ein relativer ist und sich nur im Zusammenschluß mit den ihn bedingenden Faktoren eröffnet.

1 Eleganz ist in ihrer Distinguiertheit ein typisches Mittel im Kampf dafür, daß die symbolischen Auseinandersetzungen sich selbst nicht bewußt werden, «vielmehr zwangsläufig die Gestalt von Konkurrenzkämpfen annehmen, die zur Reproduktion der Abstände, Grundlage des Wettlaufs, noch beitragen» (Pierre Bourdieu. *Die feinen Unterschiede. Kritik der gesellschaftlichen Urteilskraft.* suhrkamp taschenbuch wissenschaft. Frankfurt. 1991, S. 390)

2 Bourdieu, a.a.o. S. 391f

3 Zitiert aus einem Interview in: Neue bildende Kunst, April – Mai 96, Berlin, S. 95, in dem Rollig über ihre bisherige Tätigkeit, speziell im Wiener «Depot», Bilanz zieht.

4 Bourdieu, a.a.o. S. 390f

5 Vor diesem Hintergrund läßt sich etwa die Welt der Datenautobahn als Perfektionierung dieser Trennung und Isolation verstehen.

6 Jonathan Crary. In einem Interview in: Neue Bildende Kunst. a.a.o. S. 63

7 Im 20er Haus ist der Eröffnungsabend eine Zusammenarbeit mit dem Wr. Panoptischen Kreis.

self, but our newly acquired accelerated visual powers do not serve any interesting purpose; rather, they are mainly used for the depressingly trivial products of the entertainment industry.» (Jonathan Crary, in an interview in the magazine *Neue Bildende Kunst,* op.cit. p.63)

Daniele Pabinger

INFORMATION IST KONSTRUKTION, REALITÄT IMMER SCHON VIRTUELL

Was für die Medien gilt, mag auch für die Kunst gelten: *The message makes the event.* Das englische Idiom *coming up* signalisiert Aktualität, mediale Relevanz und nicht zuletzt Signifikanz. Vor allem in den audiovisuellen Medien dient es der Vorankündigung oder als Headline für einen Trailer. Übertragen auf den Titel einer Ausstellung, die anläßlich des Millenniums – 1000 Jahre Österreich – und vom Museum moderner Kunst Stiftung Ludwig Wien ausgerichtet wird, macht *coming up* statt eines Medienereignisses frech und selbstsicher auf ein Ausstellungsereignis aufmerksam.

«Coming Up» als ein den Medien entlehntes Schlagwort verweist auf Begriffe wie Information, Macht, Agenda, mediatisierte Realität; es impliziert aber auch, daß Information eine Konstruktion ist, daß Informationen geschaffen, und nicht nur verarbeitet oder transportiert werden, sowie systemspezifisch bzw. selbstreferentiell/autopoetisch sind. Der konstruktivistischen Medientheorie um Niklas Luhmann und Siegfried J. Schmidt gemäß werden Bedeutungen generiert und damit auch Realitäten konstruiert. Übertragen auf die Kunst heißt das: Der Künstler/die Künstlerin als aktive/r Konstrukteur/in von Welt(en), von Realität(en), wobei dieses Konstruieren eingebunden ist ins Kunstsystem: Mit der Verwendung des Begriffs «Kunstsystem» wird bereits ein Stereotyp, ein kulturelles Konstrukt in Anspruch genommen, innerhalb dessen die künstlerische Arbeit stattfindet und von wo sie ihren Ausgang nimmt.

Auf der einen Seite ist Kunst immer schon Konstruktion – aus epistemologischer Sicht, oder anders gesagt, Konstruktion die ureigenste/basale Voraussetzung von Kunst; auf der anderen Seite wird das Prinzip Konstruktion – als Antwort auf das Kunstsystem, auf Kunst- und Kulturtheorie – in der Kunst bewußt(er) praktiziert und beispielsweise in dem, was wir Virtuelle Realität nennen, weitergespielt oder auch zugespitzt. Nicht mehr reale Welten zu schaffen, sondern in sie einzutreten und sie aktiv zu verändern, ist das Ziel dieser Virtuellen Realität(en) – ihr Horizont ist, diese Realität(en) zu leben, sie im Interface mit der Technik/dem Technoimaginären zu sein. «Was sich in der *virtual reality* (...) einstellt, ist die Manifestation dessen, was immer schon ist, jedoch nicht als virtuell wahrgenommen wird, unsere Realität ist immer schon Virtualität gewesen.» (Angerer 1995, S. 23)

Mit Virtualität, der Konstruktion von Realität(en) im weitesten Sinn und mit ihren Voraussetzungen haben sich Sylvia Kranawetvogl, Sigrid Langrehr, Bele Marx und Irene Kar in «Coming Up» auch auseinandergesetzt bzw. auf

Daniele Pabinger

INFORMATION MEANS CONSTRUCT, REALITY IS IMPLICITLY VIRTUAL

What applies to the media might also be applied to art: *The message makes the event.* The idiomatic expression *coming up* signalises topicality, media relevance, and a certain general significance. Particularly in the audiovisual media it serves as a kind of advance notice, or as the headline of a trailer. By extension, when employed as the title of an exhibition that celebrates Austria's millenary and is organised by the Museum of Modern Art Foundation Ludwig Vienna, the catchphrase *coming up*, therefore, is designed to draw our attention to the exhibition's impact as an event, and does so in a highly self-assured, even cheeky, manner.

Due to its original function in the media context, the term «Coming Up» is loaded with references to such concepts as information, power, agenda, and media-ted reality. It postulates information as a construct, as something which is actively created, rather than merely processed or transmitted, is specific to a particular system, and connotes a certain self-referential/autopoetic quality. As discussed in the kind of constructivist media theory proposed by Niklas Luhmann and Siegfried J. Schmidt, to name just two, meaning is perceived as something that has to be generated, and, in a similar vein, reality as something which is implicitly constructed. Applied to the art context, this means that the artist actively constructs his peculiar reality or world, a process which is, in turn, governed by the prevailing system of artistic production. The wide circulation alone which the term «art establishment» has gained is sufficient evidence of its stereotypical character. It emphasises the fact that the basis of artistic production, the sphere of artistic activity, is, in itself, a cultural construct.

On the one hand, art – in epistemological terms – has never been anything but a construct, in other words, is fundamentally dependent on the act of construction. On the other hand, the principle of construction – in so far as it provides a response to the art establishment, to artistic and cultural theory – has been deliberately employed, i.e. in what we refer to as virtual reality, developed, and intensified. The intention of such virtual realities does not lie in the production of additional, «actual» worlds but in the permeation and transformation of the existing ones; they try to achieve an existence within those realities, at the point where the real meets the technical/the techno-imaginary. «What happens in *virtual reality* (...), is the manifestation of something that has always been there but isn't perceived as virtual, our reality is implicitly virtual.» (Angerer 1995, p. 23)

dieses Thema in der durch den Ausstellungstitel möglich gemachten Bandbreite reagiert.

Literatur
Angerer, Marie-Luise. The Body of Gender. Körper. Geschlechter. Identitäten. In: Angerer, Marie-Luise (Hg.). The Body of Gender. Körper. Geschlechter. Identitäten. Passagen Verlag: Wien, 1995, S. 17–34, S. 23.

Sylvia Kranawetvogl
NO EMOTION IS THE FINAL ONE

Sylvia Kranawetvogl
Selbstportrait, Polaroid, 1996

> *«Round and round he walked, and so learned a very valuable thing: that no emotion is the final one.»*
> *(Jeanette Winterson, Oranges are not the only fruit)*

Sich-im-Kreis-Drehen, Rummelplatz, Kirtag, Riesenrad. Wunderrad. Laute Stimmen, Lachen, Lichter. Zuckerwatte, Plüsch-Teddys und Plastikrosen. Das Rad dreht sich, schneller und schneller, bis zu dem Punkt, wo die Welt ihre Konturen verliert und die Farben ineinanderlaufen.

In «Moving» steht die Fotografie eines Rades Frauenköpfen gegenüber, die zu einem (sich drehenden) Rad zusammengestellt sind. Die Rad-Fotografie ist verschwommen, in den Speichen fängt sich das Licht. Ein heller, zitronengelber (Licht-)Fleck – die Nabe – erinnert an eine flackernde Sonne, einen Stern, eine Blume. Der Bildgrund ist blau – ins Lila gehend –, die Farbstrahlen sind gelb und orange-rosa. Sommerfarben, die sich ausbreiten, vielleicht auch Traumfarben. Die stereotypen Frauenköpfe sind einem Comic entnommen und an die Wand gezeichnet. Die Haare flattern – im Wind, die Augen sind geschlossen. Es ist *eine* Frau, oder das Klischeebild einer Frau. In ihr Gesicht ist gleichermaßen Lust, Vergnügen, wie auch Unbehagen eingeschrieben. Texte verbinden die beiden Teile der Arbeit – die Rad-Fotografie und das Frauen-Rad.

> *«Das Verlangen, die Lust und der Rausch beim Durchqueren eines Kontinents gleichen denen des Geschlechtsaktes.»*
> *(nach Paul Virilio, Fahren, fahren, fahren ...)*

Der Vergleich mit dem Jahrmarkt, mit einem Riesenrad, mag in einer Zeit, in der die Bilder (digital) fliegen lernten, nostalgisch wirken. In den Medien, im Net oder Cyberspace hat das vertraute Geschäft mit den Emotionen, Wünschen und Sehnsüchten eine neue/andere Bühne gefunden. Immer noch aber schreiben die Bilder Wünsche in die Körper ein und bringen (so) die Fantasien ins Laufen/Fliegen.

Bewegung, Geschwindigkeit, Rotation. Das sind die Schlagworte, mit denen Sylvia Kranawetvogl ihre Arbeit für «Coming Up» beschreibt. Auch der Sog, die Ekstase, das Alles-Erleben-Wollen und die durch das Zuviel von In-

In «Coming Up», Sylvia Kranawetvogl, Sigrid Langrehr, Barbara Wagner, Bele Marx, and Irene Kar have a critical look at this virtuality, at the construction of realities in the broadest sense of the term, and its preconditions. Their reactions range across the entire thematic spectrum afforded by the exhibition's title.

Literature
Angerer, Marie-Luise. The Body of Gender. Körper. Geschlechter. Identitäten. In: Angerer, Marie-Luise (Hg.). The Body of Gender. Körper. Geschlechter. Identitäten. Passagen Verlag: Wien, 1995, S. 17–34, S. 23.

Sylvia Kranawetvogl
NO EMOTION IS THE FINAL ONE

«Round and round he walked, and so learned a very valuable thing: that no emotion is the final one.»
(Jeanette Winterson, Oranges are not the only fruit)

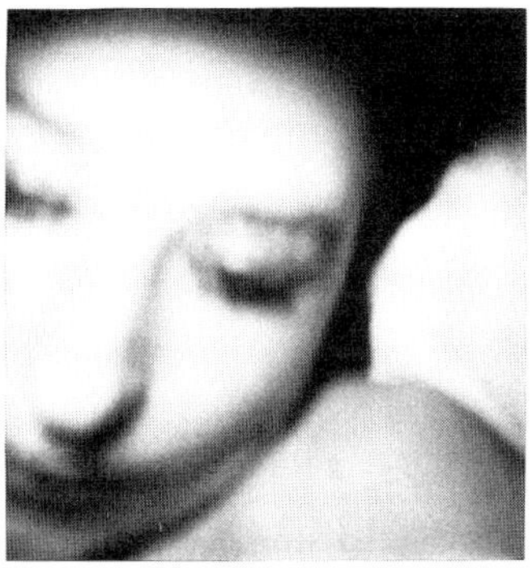

Sylvia Kranawetvogl
Selbstportrait, Polaroid, 1996

Turning-in-circles, fairground, kermis, Ferris wheel. Magic wheel of fortune. Noise, voices, laughter, lights. Candy floss, furry teddy bears, and roses made of plastic. The wheel turns faster and faster, until the world looses its outlines and the colours start to blur.

In «Moving» the photograph of a wheel faces a set of female heads arranged in the shape of a (turning) wheel. The picture of the wheel is blurred, its spokes seem to catch the light. A light, lemon yellow spot – the hub – recalls a flickering sun, a star, a flower. The background is blue – merging into purple – the rays of colour are yellow and orange-pink. A spread of summer colour, dream colours perhaps. The female heads are stereotypes taken from a cartoon and applied to a wall. Their hair is loose – in the wind; their eyes are closed. It is a *single* woman, or rather the cliché of a woman. Her face contains desire, pleasure and unease in equal measure. The two elements of the piece – the wheel-picture and the woman-wheel – are linked by texts.

«The desire, lust, and delirium brought on by the crossing of a continent are like those induced by sex.»
(from Paul Virilio, Drive, Drive, Drive ...)

In an age where pictures are in (digital) free-fall, the comparison with a funfair, a Ferris wheel, may seem nostalgic. After all, the familiar industry of emotions, desires, and yearnings has found a new/different stage in the media, the net, or in cyberspace. But pictures continue to em-body these desires, causing the imagination to race/achieve full flight.

Movement, speed, rotation. These are some of the catchwords Sylvia Kranawetvogl uses to describe the piece she contributed to «Coming Up». Also: vortex, ecstasy, wanting-to-experience-everything, and the queasiness resulting from an excess of information, of images. The (Ferris) wheel keeps

Sylvia Kranawetvogl
Ohne Titel, Wandzeichnung, 1996

formationen, Bildern ... entstehende Übelkeit. Das (Riesen-)Rad dreht und dreht sich, schneller und schneller, *round and round.* Auf der einen Seite *pleasure,* auf der anderen Seite Überforderung, das Nicht-Mehr-Mithalten-Können. Immer aber impliziert das (sich drehende) Rad Veränderung.

«Der Sog der Geschwindigkeit ist nichts als der Wunsch nach Auslöschung.»
(nach Paul Virilio, Fahren, fahren, fahren ...)

Bilder und Mythen des Alltags inszeniert Sylvia Kranawetvogl in ihren Arbeiten. Orte und Nicht-Orte von Illusionen, Wünschen, Träumen, Emotionen, Sehnsüchten. Sie spürt Klischees auf und versteht es, diese in ihrer Ambivalenz darzustellen. Auf plakative, eingängige, ja populäre Art. Wobei die Arbeiten offen sind und so verschiedenste Lesarten möglich machen. Die «Bilder», die sie schafft, fordern individuelle Geschichten, Gedanken geradezu ein.

«Wenn man ein rollendes Rad betrachtet, wird es offensichtlich: Im Zentrum der Geschwindigkeit ruht die Trägheit.»
(nach Paul Virilio, Revolutionen der Geschwindigkeit)

Sylvia Kranawetvogls «Moving» läßt auch an das Sich-Auflösen, Sich-Verlieren denken. An die Sehnsucht nach dem Verschwinden, dem Sich-Vergessen, dem Eintauchen in «andere» Welten oder Realitäten. Wobei das Hinter-Sich-Lassen dieser «einen» oder irgendeiner Realität miteingeschlossen ist. Und (virtuelle) Veränderung. Diese verzauberten Welten – Stätten des Begehrens –, man mag sie sich auch als Traumwelten vorstellen, locken. Die Sehnsucht nach Orten/Nicht-Orten/Oberflächen, die absorbieren, wo das Subjekt (sich) vergißt, ein anderes wird, anders fühlt. *No emotion is the final one.*

Literatur
Winterson, Jeanette. Oranges Are Not the Only Fruit. Vintage: London, 1985, S. 48.
Virilio, Paul. Fahren, fahren, fahren ... Merve: Berlin, 1978, S. 36, S. 85.
Virilio, Paul. Revolutionen der Geschwindigkeit. Merve: Berlin, 1993, S. 30.

Sigrid Langrehr
Frühling wird's im Flimmerkasten, 1996, Installation (Detail)

Sigrid Langrehr
FRÜHLING WIRD'S IM FLIMMERKASTEN

«‹Coming Up› – ‹Frühling wird's im Flimmerkasten› – neues Leben beginnt: Das Jahreszeitenprogramm ist wieder an der Stelle, wo jeder an die Zukunft denkt. Frühlingswind und Sonnenschein, das Geflatter der Insekten, das Geflimmer im TV – eine Bildstörung? Ein Fehler im System als letztes Fragment in der Planbarkeit der Technik. Das Störbild als offene Tür im Gefängnis der Programme. Bilder der Wirklichkeit einfangen und mit anderen Elementen einen neuen Kosmos konstruieren.»
(Sigrid Langrehr)

turning, faster and faster, *round and round*. On the one hand, *pleasure*, on the other, an overload, the inability-to-keep-up. And beneath all this, the (turning) wheel's implications of constant change.

> *«The vortex of speed is nothing else than the yearning for extinction.»*
> *(from Paul Virilio, Drive, Drive, Drive ...)*

In her works, Sylvia Kranawetvogl celebrates everyday images and myths. Sites and non-sites of illusions, desires, dreams, emotions, yearnings. The clichés the artist discovers she is able to portray without simplification; in a bold, striking, even popular manner. At the same time, the works remain open, allowing for highly diverse interpretations. The «images» she creates literally cry out for individual narratives and reflections.

> *«When you look at a rolling wheel it becomes obvious: «At the centre of speed lies inertia.»* *(from Paul Virilio, Revolutions of Speed)*

Sylvia Kranawetvogl's «Moving» also evokes impressions of deliberate disintegration, of disorientation. A yearning to disappear, to become lost to the world and to immerse oneself into «alternate» realities. A process which implies leaving-behind our «singular» reality; or, for that matter, any other reality. It also implies (virtual) change. These enchanted worlds – sites of desire – call them dream worlds if you like, hold a powerful allure. The yearning for sites/non-sites/absorbing surfaces, where the individual forgets (itself), turns into an other, and is moved by unfamiliar emotions. *No emotion is the final one.*

Literature
Winterson, Jeanette. Oranges Are Not the Only Fruit. Vintage: London, 1985, S. 48.
Virilio, Paul. Fahren, fahren, fahren ... Merve: Berlin, 1978, S. 36, S. 85.
Virilio, Paul. Revolutionen der Geschwindigkeit. Merve: Berlin, 1993, S. 30.

Sigrid Langrehr
SPRINGTIME IN THE FLICKERBOX

> *«‹Coming Up› – ‹Springtime in the Flickerbox› – a new lease of life: once again, the seasonal programme has reached the point where everybody starts to think of the future. Spring breeze and sunshine, fluttering insects, flickering images on the TV – an interference? A bug in the system as the only missing piece in the technical puzzle. The interference as the last escape route from the penitentiary of programmes. Capturing images of reality and building a new cosmos from heterogeneous elements.»*
> *(Sigrid Langrehr)*

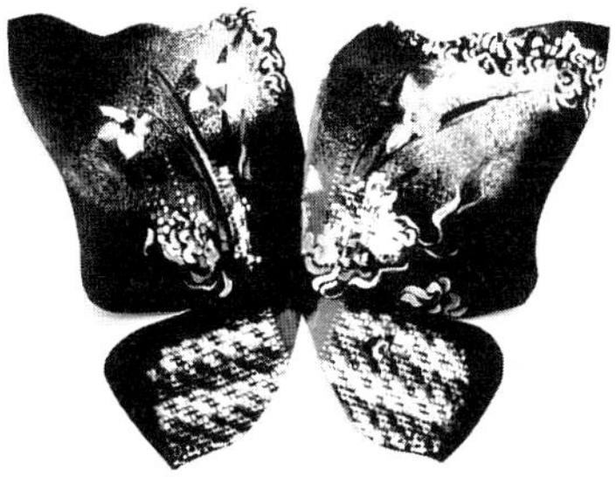

Sigrid Langrehr
Frühling wird's im Flimmerkasten, 1996,
Installation (Detail)

For the purposes of «Coming Up» Sigrid Langrehr has decided to construct a «media figure», a massive, silvern thing resting on four legs; it sprouts wings

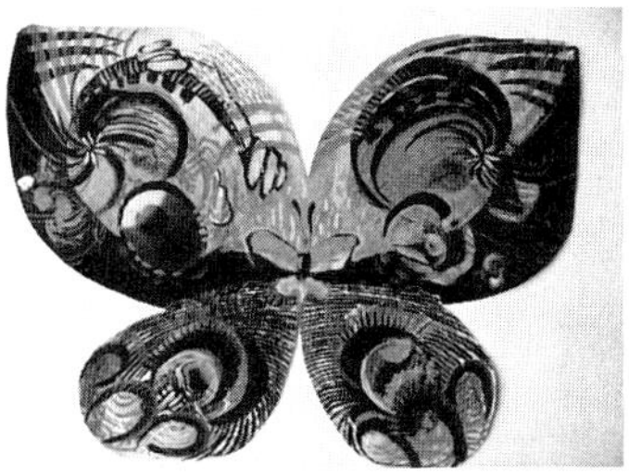

Sigrid Langrehr
Frühling wird's im Flimmerkasten, 1996,
Installation (Detail)

Für «Coming Up» hat Sigrid Langrehr eine «Medienfigur» gebaut, ein wuchtiges, silbernes Etwas, das auf vier Beinen steht, Flügel hat und mit Ventilatoren Wind macht. Menschen-, tier, insektenähnlich ist dieses Wesen, in dessen Bauch – seiner Mitte – ein Video läuft. Das Video kreist um Freiheit, Tod, Verletzung und um das Hinter-Sich-Lassen-Wollen zu enger (Bild-)Welten. Schmetterlinge fliegen, landen, flattern, gaukeln. Dann Bilder einer Schmetterlingssammlung. Tote Falter, fein säuberlich in Holzschubladen geordnet – im Schaukasten zum Bild geworden. Dazwischen Störbilder. Flimmerbilder. Andere Sequenzen zeigen eine Hummel, eine Katze, die eingesperrt sind und aus dem Monitor, dem Video hinauswollen. Existentielle Ausbruch-Versuche. Der Flügelschlag der in den Videobildern (ein-)gefangenen Schmetterlinge erzeugt (scheinbar) den Wind der Ventilatoren. Der silbernen Figur gegenüber hängen Schmetterlingsbilder an der Wand, die sich im Ventilatorenstrom bewegen. Skurril, wild und chaotisch farbig sind diese gemalten Schmetterlinge, die aus der Nähe betrachtet ihre Falterform verlieren, zu Bildern werden und Geschichten erzählen – von Gefühlen, Farben, Tieren, der Fantasie.

Sigrid Langrehr setzt sich in ihren Arbeiten mit Kreisläufen auseinander, dem (Aus-)Tausch von Energie, von Leben und Tod. Und mit dem Ausbrechen-Wollen aus Kreisläufen, dem Alltag, der Realität.

Der Schmetterling als Metapher für Freiheit, den Flug ins Blaue.
Der gefangene Schmetterling – sein Flügel ist angebrochen.

Maschinen und Apparate mit menschen-, tier- oder insektenähnlichen Zügen tauchen in der Geschichte der Apparate immer wieder auf. Maschinenwesen wurden vor allem zu Beginn des mechanischen Zeitalters gebaut – die menschenähnlichen nannte man Androiden. Mit der technischen Perfektion verschwand auch das Menschliche, Animalische aus den Apparaten. Die Idee, Mensch-Maschine-Wesen zu entwickeln, ist geblieben und gewinnt durch bio- und informationstechnologische Entwicklungen an Brisanz: Nach Donna Haraway sind wir längst Cyborgs, Hybride zwischen Mensch und Maschine. *«By the late twentieth century, our time, a mythic time, we are all chimeras, theorized and fabricated hybrids of machine and organism; in short, we are cyborgs.»* (Haraway 1990, 191)

> *«Der Klang einer vibrierenden Eisenplatte – Schmetterlinge sind große Maschinen beim Starten und Landen. Eingefangene Tiere zappeln und flattern, erzeugen scheinbar den Wind der Ventilatoren. Der Frühlingswind wirbelt Blütenpollen, Katzenhaare, Elektronen, Informationen und Gene durcheinander.»*
>
> *(Sigrid Langrehr)*

«Frühling wird's im Flimmerkasten» macht die Durchlässigkeit von Welt(en) sicht- und fühlbar. Medien konstruieren Welt, schaffen Ereignisse, erzeugen Illusionen. Informationen tauschen sich aus, werden selbständig. Die Medien-

and ventilators that beat the air. In the belly, the centre, of this man-, animal-, insect-like creature, a video-tape is playing. The video revolves around freedom, hurt, death, and the desire to escape the confines of this (imaginary) world. Butterflies are seen to flutter, flit around, settle down, flap their wings – followed by pictures of a butterfly collection. Dead butterflies, neatly arranged in wooden drawers, turned into a picture framed by the display case. Throughout, the recording is disrupted by interferences, by flickering images. Other sequences show a bumble-bee, or a cat, seemingly trying to escape from the monitor, from the video. Existential escape attempts. The wing beat of the butterflies imprisoned (captured) in the video images (apparently) causes the current of air generated by the ventilators. On the wall opposite the silver figure pictures of butterflies are suspended, moving in the air stream. These painted butterflies are simultaneously droll and wild, a confusion of colour. On closer examination, they loose their distinct shape and turn into images, narratives about emotions, colours, animals, from the realm of the imagination.

Sigrid Langrehr's pieces are based on an examination of the workings of particular cycles, the (mutual) exchange of energy, of life and death. They are also about the latent desire to escape these cycles, to leave reality and everyday life behind.

The butterfly as a metaphor for freedom, for taking off into the wild, blue yonder. The imprisoned butterfly – its wing is torn.

Machines and other contraptions with man-, animal, or insect-like features are not uncommon in the history of the apparatus as such. Particularly during the early years of the mechanical era, quite a number of machine-creatures were constructed – those designed to resemble human beings were referred to as androids. The subsequent rise in technical perfection was accompanied by the slow disappearance of this human, or «bestial», aspect of the apparatus. However, the concept of developing such man-machines has remained alive and continually gained in explosive force due to the advances in biotechnics and information technology. According to Donna Haraway, we have long ago turned into cyborgs – man/machine hybrids: «*By the late twentieth century, our time, a mythic time, we are all chimeras, theorized and fabricated hybrids of machine and organism; in short, we are cyborgs.*» (Haraway 1990, 191)

> «*The sound of a reverberating sheet of iron – Butterflies are huge machines taking off and landing. Fluttering creatures caught in the net, their movement seems to generate the current of air coming from the ventilators. Pollen, cat hair, electrons, data, and genes are whirled around indiscriminately by the spring breeze.*»
>
> *(Sigrid Langrehr)*

«Springtime in the Flickerbox» exposes the permeability of world(s) to the observer's touch and gaze. The media refashion the world, create events as well as illusions. Data replace one another, become autonomous. The media figure generates the breath of air, breathes life into the butterflies on the wall. The

figur macht Wind, haucht den Schmetterlingen an der Wand Leben ein. Die Flügel beginnen sich zu drehen. Die Bewegung ist stark genug, um die gemalten Bilder auf den Schmetterlingen zu beleben – und sie das Fliegen zu lehren.

Literatur
Haraway, Donna. A Manifesto for Cyborgs: Science, Technology, and Socialist Feminism in the 1980s. In: Nicholson, Linda J. (ed.). Feminism/Postmodernism. Routledge: New York/London, 1990, S. 190-233, S. 191.

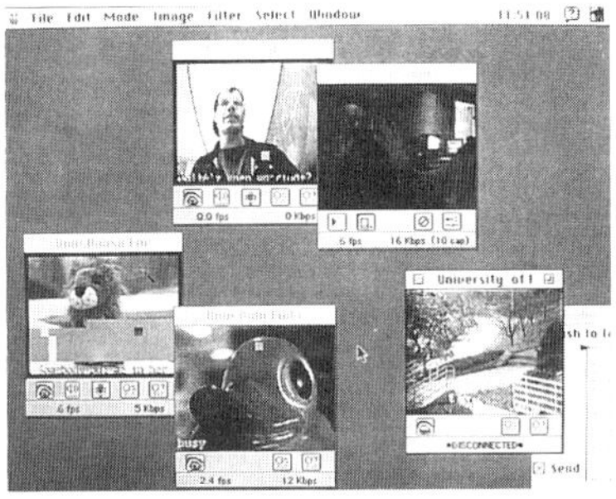

Barbara Wagner
Computerbildschirm

Barbara Wagner
BILDERWELTEN UND WELTBILDER
Everything you see has its agenda

Barbara Wagner hat Freezes von Fernsehnachrichten in Form von Dias im Großformat gemacht und damit eine Fensterfläche im 20er Haus abgedeckt. Die zum Stillstand gebrachten oder dem Monitor entrissenen und damit materiell gemachten Bilder – Weltbilder und Bilderwelten – bilden eine farbige Oberfläche (vergleichbar gotischen Kirchenfenstern, wie die Künstlerin aufmerksam machte) ohne Vorder- und Hintergrund, ein buntes (blindes) Fenster (zur Welt), das sich mit dem einfallenden Licht verändert. Bei hellem Licht lösen sich die Bilder in farbige Flächen auf oder wirken wie ausgelöscht. Dieses «Fenster» macht vergessen, daß es aus Nachrichtenbildern gebaut ist, im Museum ist es Fassade, Architektur, Beiwerk. Der News-Charakter der Bilder ist durch die veränderte Umgebung verschwunden, die Bilder scheinen ihre (Bildschirm-) Vergangenheit – Krieg, Wetter, Bomben, Verbrechen, Unfälle usw. – ganz beiläufig abgestreift und sich ungezwungen zu einer Oberfläche formiert zu haben, die aus lauter kleinen «Fenstern zur Welt» zu bestehen scheint. Der Horizont, den das farbige Fenster vorgibt, ist eine in Bilder zerfallene Welt oder in Farbflächen zerfallene Bilder.

> *«In the world of media what matters is the image, not the word; provocation, not understanding; the transmission of the message, not its content.»*
>
> *(Matoula Skaltsa, Everything you see has its agenda)*

Den Bild-Begriff befragt Barbara Wagner in ihrer Arbeit. Dabei geht sie davon aus, daß Bilder zwischen der Welt und dem Menschen vermitteln bzw. immer schon vermittelt sind, daß sie Welt interpretieren – und konstruieren.

> *«Wir leben in den Bildern, die wir uns von der Welt, von uns selbst und von den anderen Menschen gemacht haben, die man uns von der Welt, von uns selbst und von den anderen Menschen gemacht hat.»*
>
> *(Barbara Wagner)*

wings start to turn; and through their movement, the pictures painted onto the butterflies come to life – are taught how to become airborne.

Literature
Haraway, Donna. A Manifesto for Cyborgs: Science, Technology, and Socialist Feminism in the 1980s. In: Nicholson, Linda J. (ed.). Feminism/Postmodernism. Routledge: New York/London, 1990, S. 190-233, S. 191.

Barbara Wagner
WORLD OF IMAGES – IMAGINARY WORLDS
Everything you see has its agenda

Barbara Wagner has turned freeze frames taken from news broadcast into gigantic transparencies and uses them to cover one of the floor-to-ceiling windows in the «20er Haus» (Museum of Modern Art). We are confronted by arrested images – imaginary worlds, whole worlds of images – snatched from the monitor and given a material existence. They form a coloured surface (similar to the stained glass windows in Gothic cathedrals, as the artist herself points out) without fore- or background, a many-coloured (blind) window (unto the world) that changes with the light outside. Exposed to bright daylight the images dissolve into expanses of colour, or even seem to disappear entirely. This «window» causes us to forget that it is composed of newscasts, in the museum it is part of the façade, the architecture, of secondary interest. In their present context, the images have lost the character of news; they seem to have misplaced their past – war, weather, crime, accidents etc. – and spontaneously formed a surface consisting of many small «windows unto the world». The horizon outlined by this many-coloured window presents a world disintegrating into images, or images dissolving into colours.

Gotisches Glasfenster aus der Wallfahrtskirche Maria Straßengel

> *«In the world of media what matters is the image, not the word; provocation, not understanding; the transmission of the message, not its content.»* *(Matoula Skaltsa, Everything you see has its agenda)*

It is the concept of the image which is at the heart of Barbara Wagner's work. In her view, images are the mediating agent between mankind and the world; mediated by definition, they interpret the world – and construct it.

> *«We live by the images we have formed of the world, of ourselves, and of other people; as well as by those images – of the world, of ourselves, and of other people – that have been impressed on us.»*
> *(Barbara Wagner)*

The artist as image maker, selecting from a predefined range of images and putting them together in (novel) arrangements, increases our understanding of the processes of selection and subsequent arrangement involved in the produc-

Camera obscura, aus: Athanasius Kirchner, Ars Magna lucis et umbrae, 1649

Die Künstlerin als Bilderstellerin, die aus vorhandenem Bildmaterial auswählt, es (neu) arrangiert und damit Prozesse der Bildauswahl und des -arrangements verdeutlicht. Wobei das vermeintliche «Fenster zur Welt» immer ein konstruiertes ist, *everything you see has its agenda.* Auf dem Monitor erscheint als Bild die Welt; auf dem Fenster – der Arbeit im Museum – die Welt als Bild oder auch Nicht-Mehr-Bild.

> *«Vergleichbar einem gotischen Kirchenfenster ist der Bildschirm kein neutrales Medium, sondern filtert, grenzt aus und bringt das zum Verschwinden, was sich außerhalb seines Rahmens befindet.»*
> *(Barbara Wagner)*

Welten, welche auch immer, Bilderwelten zum Beispiel (im eigenen Bewußtsein) zu erzeugen/zu entwerfen/zu konstruieren, sie Realität werden zu lassen, ist eine der Triebfedern der Kunst schlechthin. Jede beliebige Welt nicht nur zu erzeugen, sondern auch interaktiv zu verändern (im Technoimaginären), ist das Ziel der Virtuellen Realität, mit der der fundamentale Unterschied zwischen Betrachter und Betrachtetem, zwischen Sehen und Gesehenem obsolet wird, und damit auch der Begriff «Fenster zur Welt». In der Virtuellen Realität geht es um das Eintreten in Bild-Welten: «So gilt nach wie vor, daß jede simulierte Welt nur dann glaubwürdig sein kann, wenn sie in sich so vollständig geschlossen ist, daß weder unser Körper noch unser Denken ein Bewußtsein von einer Welt außerhalb dieser digital erzeugten hätte – wenn also der Betrachter zu dem Bild wird, in das er eintritt.» (Berg 1994, S. 19)

Literatur

Skaltsa, Matoula. Everything you see has its agenda. In: Untitled. A Review of Contemporary Art, No. 10, Spring 1996, S. 7.
Berg, Stephan. Als die Bilder fliegen lernten. Kunst und virtuelle Realität. In: Neue Bildende Kunst. Zeitschrift für Kunst und Kritik, 5/94, S. 19-23, S. 20.

Bele Marx

1000 JAHRE ÖSTERREICH IN RIO

Imagem na fantasia

Österreich – Ostarrichi – feiert 1996 sein tausendjähriges Bestehen. Ein (willkommener) Anlaß, um Österreich mit Sonderausstellungen und -editionen ins rechte Licht zu rücken. Und den Österreich-Klischees zu huldigen. «Millenniumsfeiern» von Wien bis Vorarlberg. 1000 Jahre Österreich ist die Etikette, mit der so manches (kulturelle) Event und so manche Rede aufgeputzt wird. Pech, daß Österreich gerade in diesem Jahr – wahrlich zu einer Unzeit – akute Geldsorgen hat, und die Regierung ein «Sparpaket» nach dem anderen schnürt. Dem Rotstift, bleiben wir dem medialen Jargon treu, fielen einige der geplanten Österreich-Image-Maker im In- und Ausland zum Opfer. Die Folge, nicht ganz so viel Lederhose, Dirndl, Edelweiß, Kaiser Franz Joseph, Sissi,

tion of images in general. What appears to be a «window unto the world» is revealed as a construct, *everything you see has its agenda.* On the screen, the image appears to be the world; on the window – in the museum – the world appears as an image, or, occasionally, as a kind of imaginary has-been.

> *«Similar to the window of a Gothic cathedral, the screen is anything but a neutral medium; it is a sort of filter, it excludes, and thereby causes the disappearance of what takes place outside its frame.»*
>
> *(Barbara Wagner)*

The creation/design/construction of all kinds of worlds (in our consciousness), in particular imaginary ones, and how to turn them into reality, has always been one of the main motivations of artistic production as such. Virtual reality, however, instead of being limited to the creation of a given world, interacts and transforms (on a techno-imaginary level); from this perspective, the once crucial distinction between the observer and what is observed, between the gaze and its object, has become obsolete, and with it the term like «window unto the world». Virtual reality is about the immersion into a world of images: «It is still true, that any simulated world can only claim to be convincing if it is hermetic and complete – to the degree where neither our physical being nor our conceptual ability results in an awareness of a world outside the digital one we are faced with; in other words, if the observer becomes a part of the image he immerses himself in.» (Berg 1994, S. 19)

Literature
Skaltsa, Matoula. Everything you see has its agenda. In: Untitled. A Review of Contemporary Art, No. 10, Spring 1996, S. 7.
Berg, Stephan. Als die Bilder fliegen lernten. Kunst und virtuelle Realität. In: Neue Bildende Kunst. Zeitschrift für Kunst und Kritik, 5/94, S. 19-23, S. 20.

Bele Marx
1000 YEARS OF AUSTRIA IN RIO
Imagem na fantasia

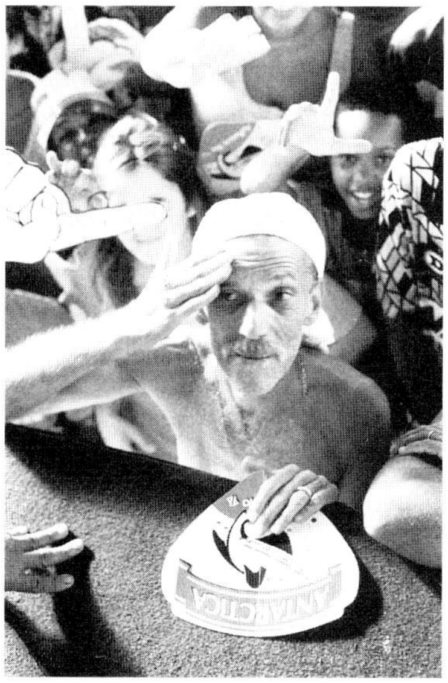
Bele Marx
Farbfotografie, 1996, 20 x 29 cm

In 1996, Austria – Ostarrichi – is celebrating the thousandth year of its existence. A (welcome) occasion to present Austria in the most favourable light through various special exhibitions and editions. And, of course, to pay homage to Austrian cliché. «Millenary celebrations» wherever you turn, from Vienna to Vorarlberg. 1000 years of Austria have become a label gracing many a (cultural) event and quite a few speeches. How unfortunate – call it bad timing, if you like – that 1996 of all years, the Austrian state has to be faced with such an acute shortage of funds. The government passes one economising measure after the other, and was even forced to scrap some of the activities designed to give a new polish to Austria's image, both at home and abroad. As a result, the venerable birthday girl isn't surrounded by quite such

Bele Marx
Farbfotografie, 1996, 20 x 29 cm

Mozart, *Sound of Music,* Wiener Walzer, Mozartkugel, Zillertal und Lipizzaner zum altehrwürdigen Fest.

1000 Jahre Österreich wurde in diesem Jahr aber auch in Brasilien gefeiert – im Karneval von Rio de Janeiro. Eine der größten Sambaschulen Rios, die «Imperatriz Leopoldinense», machte das Leben der ersten Kaiserin Brasiliens, der österreichischen Erzherzogin Leopoldine (deren Namen sie auch trägt) zum Karnevalsthema.

Bele Marx und Valerie Rosenburg begleiteten die Sambaschule «Imperatriz Leopoldinense» durch den Karneval. Dabei schlüpften die beiden Fotografinnen selbst auch in Kostüme. Ziel des Projektes war, brasilianische «Österreich-Bilder» auch in Österreich zugänglich zu machen und in den Medien sowie einer Präsentation bei Mario Soldo zu dokumentieren.

Für «Coming Up» hat Bele Marx aus ihren Fotografien Bilder ausgewählt, die einerseits brasilianische Klischees von Österreich und andererseits österreichische Klischees von Brasilien bzw. vom Karneval spiegeln. Es sind ungewöhnliche Fotografien, die die Begeisterung der Menschen, die den Karneval feiern, zeigen – und ihre Begeisterung für das Spiel mit Bildern auch.

Valerie Rosenburg beschreibt im folgenden das gemeinsame Brasilien-Projekt, den Karneval und die «Imperatriz Leopoldinense»:

Der Karneval von Rio zeichnet sich durch die Fantasie der Leute aus, die ihn feiern. Sie sind Meister darin, das Weltgeschehen, gleich zu welcher Zeit es sich abspielt oder abgespielt hat, zu absorbieren, es darzustellen und dabei neu zu erschaffen, neu zu interpretieren – neu zu erleben. Einen festen Bestandteil im Karneval von Rio bilden die Sambaschulen. Die 16 größten Schulen defilieren am Karnevalssonntag und am darauffolgenden Montag durch die eigens dafür gebaute *Sambódromo*-Straße mit Tribünen und Logen für 80.000 Zuschauer. Dauer des Defilees pro Schule: 1,10 Stunden. Durchschnittliche Tanzzeit pro Person: 35 Minuten. Die Sambaschule hat ihren Sitz in der *Quadra,* einer Halle, in der sich jahrein, jahraus das Stammpublikum trifft und die Samstagnächte durchtanzt. Sie befindet sich in einem der zur Zeit wohl gefährlichsten Stadtviertel von Rio. Wenn man als weißer Europäer in Rio lebt, frequentiert man die Elendsviertel, die sogenannten *favelas,* nicht, in denen ungefähr 80 Prozent der Bevölkerung leben. Regiert werden die Elendsviertel von den Königen des illegalen Glücksspieles «Jogo do Bicho», dem «Spiel der Tiere», welches sinnige Geister Anfang des Jahrhunderts erfunden haben, um dem desolaten Zoo von Rio Geld zu verschaffen. Als sich die Unterwelt dieser Lotterie bemächtigte, wurde das Spiel verboten. Heute haben die «Tierkönige» auch den Drogenhandel fest in der Hand. Und die Sambaschulen. Die ungewählten Bosse der *favelas* stellen in den prächtigen Umzügen ihrer Schulen ihren Reichtum zur Schau, hinter den Kulissen findet ein Wettkampf um die Macht statt, der nach außen hin ein Spiel mit Bildern ist.

Sambaschule Imperatriz Leopoldinense * gegründet am 6. März 1959 * ihren

an amount of lederhosen, dirndl, edelweiss, Zillertal, Emperor Franz Joseph, Sissi, Mozart and Mozart chocolates, Sound of Music, Viennese Waltz, and Lipizzaner horses as might have been expected.

Simultaneously, 1000 years of Austria have, this year, also been celebrated in Brazil – during the carnival in Rio de Janeiro. One of the major samba schools, the «Imperatriz Leopoldinense», chose the life of the first empress of Brazil, the Austrian archduchess Leopoldine (after whom the school is named), as its theme for this year's carnival.

Bele Marx and Valerie Rosenburg, both photographers, accompanied the samba school «Imperatriz Leopoldinense» throughout the entire carnival. It was their intention to make these Brazilian «impressions of Austria» accessible to the Austrian public, and to document them for the local media, as well as in form of a presentation with Mario Soldo.

For the purposes of «Coming Up», Bele Marx has selected certain of her pictures which reflect both, Brazilian clichés of Austria as well as Austrian clichés of Brazil, respectively, of the carnival in Rio. They are unusual pictures, which show the enthusiasm of the people celebrating the carnival – and their enthusiasm for the frivolity of images.

In the following, Valerie Rosenburg portrays their joint Brazilian Project, the carnival itself, and the «Imperatriz Leopoldinense»:

The carnival in Rio is distinguished by the imaginativeness of the people who celebrate it. They are masters of the art of absorbing world events, whether past or present. They know how to best present them, to re-create them, to re-interpret them – and thereby experience them anew. One of the regular events during the carnival in Rio are the samba schools. On the Sunday of the carnival and on the following Monday, the 16 largest samba schools parade through the so-called *Sambódromo*, a street specially built for this purpose and flanked by grandstands for a total of 80.000 spectators. Duration of the parade, per school: 1,10 hours. Average time spent dancing, per member: 35 minutes. Each samba school is based in a so-called *quadra*, a large hall where, throughout the entire year, the regulars meet to dance their Saturday nights away. They are located in a quarter of the city which, right now, is among the most dangerous in all of Rio. As a white European living in Rio one would do best to avoid these slums, the so-called *favelas*, inhabited by roughly 80 percent of Rio's population. They are ruled by the crime lords who are in control of a certain, illegal, game of chance, the «Jogo do Bicho» or «Animal Game». The game dates back to the beginning of this century when, of all the good intentions, it was meant to provide Rio's dilapidated zoo with much-needed funds. When the underworld acquired a controlling interest in the game, the lottery it was banned. Today these «beastlords» also control the drug traffic. And, of course, the samba schools. For the unofficial bosses of the *favelas*, the splendid parades of their schools present the perfect opportunity to display their wealth. Behind the scenes the struggle for power

Bele Marx
Farbfotografie, 1996, 20 x 29 cm

Namen leitet sie von einem Bahnhof in Rio ab, der Leopoldines Namen trägt * Farben: grün und weiß * 4500 Mitglieder * 33 Flügel * 9 allegorische Wagen * Präsident: Wagner Tavares de Araújo * Mann im Hintergrund: Luis Drumond. Verbringt gerade eine Haftstrafe wegen Betätigung im illegalen Tierglücksspiel «*Jogo do Bicho*» * Künstlerische Leiterin *(Carnavalesca):* Rosa Magalhães * Die Imperatriz Leopoldinense war die Siegerin der letzten beiden Jahre. 1996 verfehlte sie um einen halben Punkt von 300 möglichen das «*Tricampeonato*». * Jede Sambaschule wählt ein Thema, welches durch den Liedtext, die allegorischen Wagen und die Kostüme *(fantasias)* dargestellt wird. Eine Jury von 50 Mitgliedern kürt jedes Jahr die beste Sambaschule zum Sieger. Bewertet werden Perkussion, Text, Harmonie, Geschlossenheit des Defilees, Thema, Zusammenspiel, allegorische Wagen, Kostüme, Eröffnungskommission, Salonmeister & Fahnenträgerin. * 1996 präsentierte die Imperatriz Leopoldinense eine Hommage an die österreichische Erzherzogin Leopoldine von Habsburg.

Maria Leopoldina Josefa Carolina de Habsburgo, geboren 1797 in Wien, gestorben 1826 in Rio de Janeiro. Die österreichische Erzherzogin wurde durch Prokuration mit dem portugiesischen Thronfolger Dom Pedro de Bragança vermählt. Auf ihr Bestreben hin erklärte Brasilien 1822 seine Unabhängigkeit vom Mutterland Portugal. Ihr Gemahl Pedro I. rief sich und Leopoldine zu Kaiser und Kaiserin aus. So war die erste Kaiserin Brasiliens eine Österreicherin.

Der Staat Österreich spendete durch die Tirol- und die Österreichwerbung der Sambaschule rund eine Million Schilling. Bis auf zwei in Rio ansässige freie Mitarbeiter des ORF gab es unseres Wissens nach keine österreichische Presse vor Ort.

Allegorische Wagen
1. Der «*Eröffnungswagen*» verbindet Leopoldines österreichischen Ursprung mit ihrer brasilianischen Geschichte. Der Reichtum Brasiliens, seine Wälder, Blumen und Tiere umranken die Kaiserkrone.
2. Der Wagen «*Marionettentheater von Schönbrunn*» ist mit 100 Marionetten bestückt und symbolisiert Leopoldines Kindheit in Wien.
3. Der «*Schneewagen*» verweist auf die Tiroler Fastnacht. Vom Wagen schneit es auf die Tanzenden. Winterliche Tannenbäume, Tiroler Scheller und Schneemänner zieren den Wagen.
4. Die «*Ankunft des Marquis Marialva in Wien*» schildert das Brautwerben des portugiesischen Gesandten, der mit reichen Geschenken den Wiener Hof überzeugen wollte, eine ihrer Töchter über den Ozean ziehen zu lassen, um dort den unbekannten Thronerben des portugiesischen Königshauses zu heiraten. Geflügelte Lipizzaner ziehen prächtige Kutschen.
5. Die «*Vision von Brasilien*» stellt die romantische Vorstellung der Europäer

continues, even though on the surface, it is nothing but a fanciful play of images.

Samba school Imperatriz Leopoldinense * Founded: 6th of March, 1959 * Name derives from a railway station in Rio bearing Leopoldine's name * Colours: green and white * 4500 members * 33 wings * 9 allegorical floats * President: Wagner Tavares de Araújo * Éminence grise: Luis Drumond – presently in prison for his involvement in the illegal game of «*Jogo do Bicho*» * Artistic director *(Carnavalesca):* Rosa Magalhães * For the past two years the Imperatriz Leopoldinense won the competition. In 1996, it failed to achieve the «*Tricampeonato*» by merely half a point out of a possible 300. * Each samba school selects a theme which is presented through their lyrics, the allegorical floats, and the costumes *(fantasias)*. Each year, a panel of 50 judges chooses the best samba school on the basis of such categories as percussion, text, harmony, cohesion, theme, choreography, allegorical floats, costumes, inaugural committee, master of ceremonies & colour-bearers. * 1996, the Imperatriz Leopoldinense presented a homage to the Austrian archduchess Leopoldine of Hapsburg.
Maria Leopoldina Josefa Carolina de Habsburgo, born: 1797, in Vienna; died: 1826, in Rio de Janeiro. An Austrian archduchess, she was married by proxy to the heir to the throne of Portugal, Dom Pedro de Bragança. It was due to her that Brazil declared its independence in 1822. Her husband, Pedro I., declared himself emperor. As a result, the first empress of Brazil was an Austrian.
The Austrian state donated approximately one million Austrian schillings from the funds of the national tourist board to the samba school. Apart from two freelance stringers for the ORF, permanently based in Rio, there were, as far as we know, no other representatives of the Austrian media present.

Allegorical Floats
1. The «*Inauguration Float*» combines Leopoldine's Austrian origins with her Brazilian future. The riches of Brazil, forests, flowers, and animals surround the imperial crown.
2. The float «*Puppet Theatre in Schönbrunn*» carries 100 marionettes and symbolises Leopoldine's childhood in Vienna.
3. The «*Snow Float*» refers to the Tyrolian Fasching (Shrove Tuesday). From the float snow falls down on the dancers. It is decorated with snow-covered pines, Tyrolian Scheller, and snowmen.
4. The «*Arrival of the Marquis Marialva in Vienna*» describes the courtship of the Portuguese emissary who brought precious gifts to try and convince the Viennese court to allow one of their daughters to cross the ocean, where she was going to marry the unknown heir to the throne of Portugal. Winged Lipizzaner horses pull magnificent carriages.
5. The «*Vision of Brazil*» depicts the romantic view Europeans had of Brazil:

von Brasilien dar: Gärten, Wälder und vogelumschwirrte Palmen.
6. Das «*Hochzeitsfest*»: Leopoldine heiratet Dom Pedro in Wien durch Prokuration. Auf dem Wagen befindet sich das Medaillon mit dem Bildnis des Ehemannes, welches Marquis Marialva Leopoldine geschenkt hatte, damit sie sich sein Gesicht vorstellen kann. Der Wagen trägt hunderte Kandelaber aus Schönbrunn, zwischen denen Putti hin und her fliegen.
7. «*Ankunft in Rio*». Dieser Wagen basiert auf einer Zeichnung des französischen Malers Jean Baptiste Debret von der Einfahrt der Schiffe, die Leopoldine nach Brasilien brachten, in den Hafen von Rio.
8. «*Die Natur und die Indianer bezaubern Leopoldine*»: Indianer, exotische Tiere, üppige Pflanzenpracht.
9. «*Die Kaiserin feiert die Unabhängigkeit und den Karneval*». Der letzte Wagen zeigt eine Statue Dom Pedros I. in der Altstadt von Rio. Das portugiesische Bragança-Grün mischt sich mit dem Gold der Habsburger zu den Farben der neuen Fahne Brasiliens.

(Valerie Rosenburg)

Irene Kar
DIE KINDERFÄUSTLINGE MITNEHMEN

Ein Anzug und ein Kostüm sind über Kleiderpuppen gestreift. Diese stehen auf einem Podest im Museum. Aus den Ärmeln der Erwachsenenkleidung baumeln an Schnüren Kinderfäustlinge.

Irene Kar war, als ich sie eingeladen habe, an der Ausstellung «Coming Up» des Museums moderner Kunst Wien teilzunehmen, gerade bei den letzten Vorbereitungen für einen Paris-Aufenthalt. Ein viermonatiges Stipendium in der Cité des Arts wartete. In Paris entstand dann auch die Idee für die Ausstellung und in der Folge die Arbeit. Der Titel der Installation – «gaga» – verweist auf ihren Entstehungsort. Das französische Wort «gaga» [ga'ga] bedeutet kindisch (durch das Alter). Im Duden ist bei «kindlich/kindisch» zu finden: «Das Adjektiv *kindlich* bedeutet ‹in der Art eines Kindes›, aber auch ‹naiv› (...). Das Adjektiv *kindisch* wird dagegen nur abwertend im Sinne von ‹albern› gebraucht ...» Allein durch die Sprachmelodie schwingt jedoch beim französischen «gaga» Spielerisch-Heiteres mit, zudem erinnert das Wort an Babysprache. Diese grundsätzlich negative Besetzung des Wortes «gaga» und somit die scheinbare Unmöglichkeit des Kind-Seins als Erwachsene/r, hinterfragt Irene Kar in dieser Ausstellung und bringt diese Auseinandersetzung in Zusammenhang mit dem Ausstellungstitel «Coming Up». Als ironische und spielerische Selbstinszenierung sowie freche Antwort auf das englische Idiom *coming up*, das Neuigkeit, Aktualität und Signifikanz signalisiert/verspricht und in den audiovisuellen Medien primär der Vorankündigung oder als Headline für einen Trailer dient. Die Idee der Arbeit ist es, auf das Kunstsystem und die Teilnahme an einer «Millenniumsaustellung» im Museum moderner Kunst

„Am gestrigen Spätnachmittag wurde in Anwesenheit des Herrn Bundespräsidenten und zahlreicher anderer Persönlichkeiten aus Öffentlichkeit und Kunst von Frau Bundesminister Dr. Firnberg das im Palais Liechtenstein untergebrachte Museum für Moderne Kunst eröffnet." / Votavafoto Wien

gardens, forests, and palmtrees circled by birds.

6. The «*Wedding Celebration*»: In Vienna, Leopoldine is married by proxy to Dom Pedro. The float carries the medallion containing a picture of her husband which Marquis Marialva presented to Leopoldine to give her an idea of what he looked like. The float consists of hundreds of candelabra from Schönbrunn, with putti floating in between.

7. «*Arrival in Rio*». This float is based on a drawing by the French painter Jean Baptiste Debret showing the entry of the ships bringing Leopoldine to Brazil into the harbour of Rio.

8. «*Leopoldine Enchanted by Nature and Natives*»: Indians, exotic animals, abundant flora.

9. «*The Empress celebrates the Independence and the Carnival*». The final float shows a statue of Dom Pedro I in the old town of Rio. The green of the Braganças of Portugal and the gold of the Hapsburgs blend into the colours of the new banner of Brazil. *(Valerie Rosenburg)*

Irene Kar
Kinderspielplatz vor der Cité des Arts, Paris, 1996

Irene Kar

TAKING THE CHILDREN'S MITTS WITH YOU

Dress dummies wearing a suit, a dress. Standing on a platform in the museum. From the sleeves of their adult clothing dangle children's mitts attached to strings.

When I invited her to participate in the Museum of Modern Art Foundation Ludwig Vienna's exhibition «Coming Up», Irene Kar happened to be preparing for an extended stay in Paris. A four month grant was waiting for her in the Cité des Arts. It was therefore Paris where she had the idea for her contribution to the exhibition. The title of the installation «gaga» – also indicates its place of origin. The French expression «gaga» [ga'ga] means childish (in the sense of senile). In a dictionary one might find it under the heading «childlike/childish»: «The adjective *childlike* means ‹in the manner of a child›, but also ‹naive› (...). The adjective *childish*, however, is commonly used in the pejorative sense of ‹foolish› (...).» By its intonation alone, the French expression «gaga», on the other hand, seems to imply a certain playful/cheerful quality, enhanced by the fact that it recalls baby talk. Nevertheless the term has basically negative connotations, as if to confirm the impossibility of being a grown-up and, at the same time, child-like. It is this apparent contradiction which Irene Kar investigates in her contribution to the exhibition by juxtaposing it with the title «Coming Up». As an ironic and playful form of self-portrayal, and as a cheeky response to the idiomatic expression *coming up* which commonly signalises/promises novelty, topicality, and a certain general signifi-

Wien zu reagieren und die eigene Position darin darzustellen bzw. zu artikulieren. Irene Kar antwortet mit einer Installation, in der (Klischees von) Erwachsenen- und Kinderwelt aufeinander prallen.

> *«‹Coming Up›, dieses Wort hat für mich mit Kind-Sein und Erwachsen-Werden zu tun. Man kommt in ein System, wächst hinein – auch in das System Kunst. Oft ist das Gefühl da, daß man dem nicht gewachsen ist. Kind-Sein, das ist die eigene Position im System Kunst, welches manchmal wenig damit zu tun hat, was man eigentlich selbst will.*
> *In der künstlerischen Arbeit kann man dieses Kind-Sein mit sich haben, nicht aber im System. Dort sollte der Anzug oder das Kostüm passen, um den eigenen und fremden Ansprüchen genügen zu können, oder auch zu müssen.»*
>
> *(Irene Kar)*

Irene Kar überträgt die Probleme, Widersprüche, Diskrepanzen, die mit Kind- und Erwachsen-Sein, mit Kind-Sein-Wollen und Erwachsen-Werden-Müssen zu tun haben, auf die Kunst und im besonderen auf diese Millenniumsausstellung. Die Arbeit ist eine Stellungnahme zum Erwachsen-Werden und Hineinwachsen(-Müssen) in Systeme – ins Kunstsystem. Wobei mit der Verwendung des Begriffs «Kunstsystem» bereits ein Stereotyp, ein kulturelles Konstrukt in Anspruch genommen wird, innerhalb dessen die künstlerische Arbeit stattfindet und von wo sie ihren Ausgang nimmt. Die eigene Person, das eigene Tun und das Zurechtfinden im Betrieb Kunst stehen im Mittelpunkt dieser autobiografischen Verortung oder Positionierung.

> *«Das Spiel ist mir wichtig, das Spiel mit dem System Kunst. Es geht um Ideen, Träume, Gefühle, aber auch um Regeln und Positionen – es geht um (m)ein Spiel.»*
>
> *(Irene Kar)*

Bei diesem Spiel (mit dem Kunstsystem) – jedes Spiel hat Regeln, und Kinder spielen ernst, nicht beiläufig oder unbeschwert, wie Irene Kar in einem unserer Gespräche betonte – streift sie ihre Kinderfäustlinge nicht ab, sondern nimmt das, was für sie Kind-Sein bedeutet oder auch bedeutet hat, mit in ihre Kunst, den Kunstbetrieb, die Welt der Erwachsenen, in ihre Welt.

Literatur

Duden. Band 9. Richtiges und gutes Deutsch. Wörterbuch der sprachlichen Zweifelsfälle. 3., neu bearbeitete und erweiterte Auflage. Dudenverlag: Mannheim/Leipzig/Wien/Zürich, 1985, S. 378.

cance. Particularly in the audiovisual media it serves as a kind of advance notice, or as the headline of a trailer. Kar's work is based on the desire to find, in her own peculiar conceptual language, an adequate response to the art establishment, and to her participation in a so-called «millenary exhibition» organised by the Museum of Modern Art. Her reaction produces an installation in which (clichés of) the world of grown-ups and the children's world clash.

> *«‹Coming Up›, for me, this expression has a lot to do with being a child and growing up. We enter a system, grow into it – it's the same with the system of art. Frequently, there is a feeling that we won't be up to it. Being a child might describe one's own position in the art system, which, often enough, has little to do with what you truly want. As far as artistic production is concerned, being a child is fine, but not within the system. The suit or dress had better fit you, if you want to – or are forced to – fulfil somebody's expectations, your own or others'.»* *(Irene Kar)*

Irene Kar transposes the problems, contradictions, discrepancies inherent in the state of being either a child or a grown-up, of wanting-to-be-a-child and having-to-grow-up, into the art context, in this case into the context of a millenary exhibition. Her work is a comment on (inevitably) growing up and into a particular system – that of art. The wide circulation alone which the term «art establishment» has gained is sufficient evidence of its stereotypical character. It emphasises the fact that the basis of artistic production, the sphere of artistic activity, is, in itself, a cultural construct. It is the individual, her own actions and attempts to orientate herself within the art context, which is at the heart of the vaguely autobiographical position she proposes.

> *«I feel games are important, playing a game with the art system. It has something to do with ideas, dreams, emotions, but it's also about rules and positions – I'm referring to the/my game.»* *(Irene Kar)*

In the game she plays with the art system – and every game has certain rules; children, too, take their games very seriously as Irene Kar pointed out to me once – the artist doesn't take off her children's mitts. Instead, she integrates her existence-as-a-child, the personal, past and present implications of this state, into her art, into the art establishment, the world of grown-ups, in short: into her world.

eyr-Daimler-Puch AG

Bester Katalogbeitrag Opferlicht

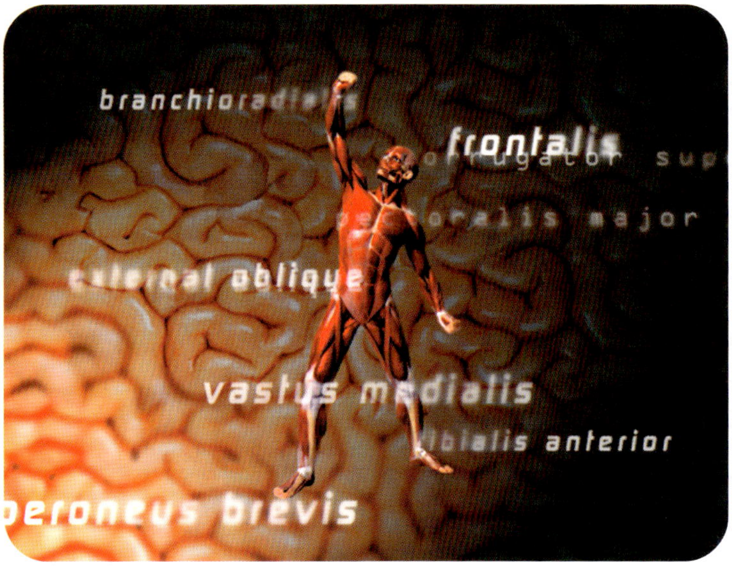
branchioradialis
frontalis
external oblique
vastus medialis
tibialis anterior
peroneus brevis

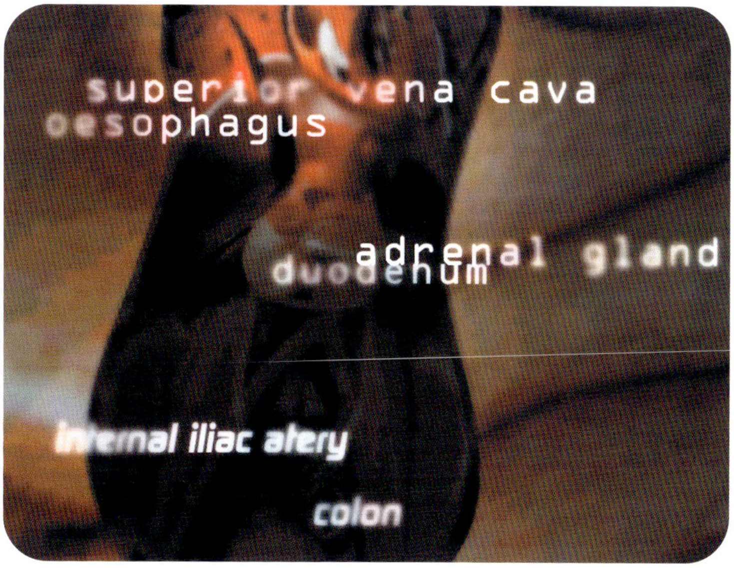
superior vena cava
oesophagus
adrenal gland
duodenum
internal iliac atery
colon

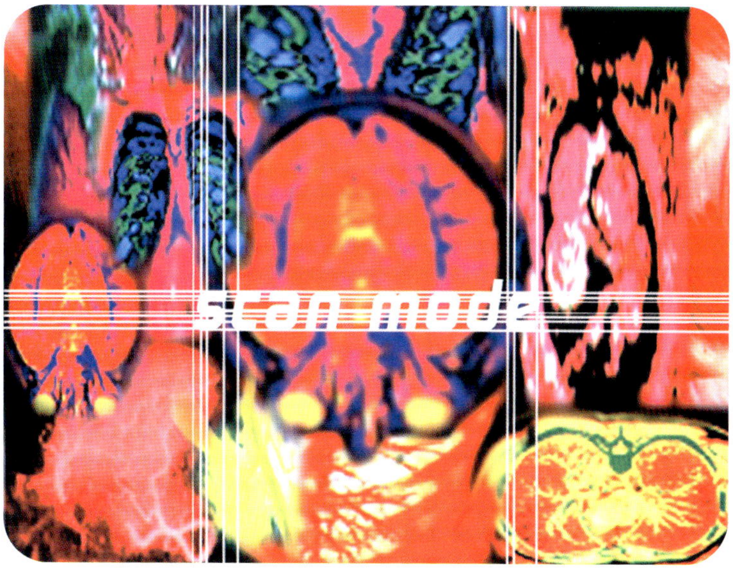
scan mode

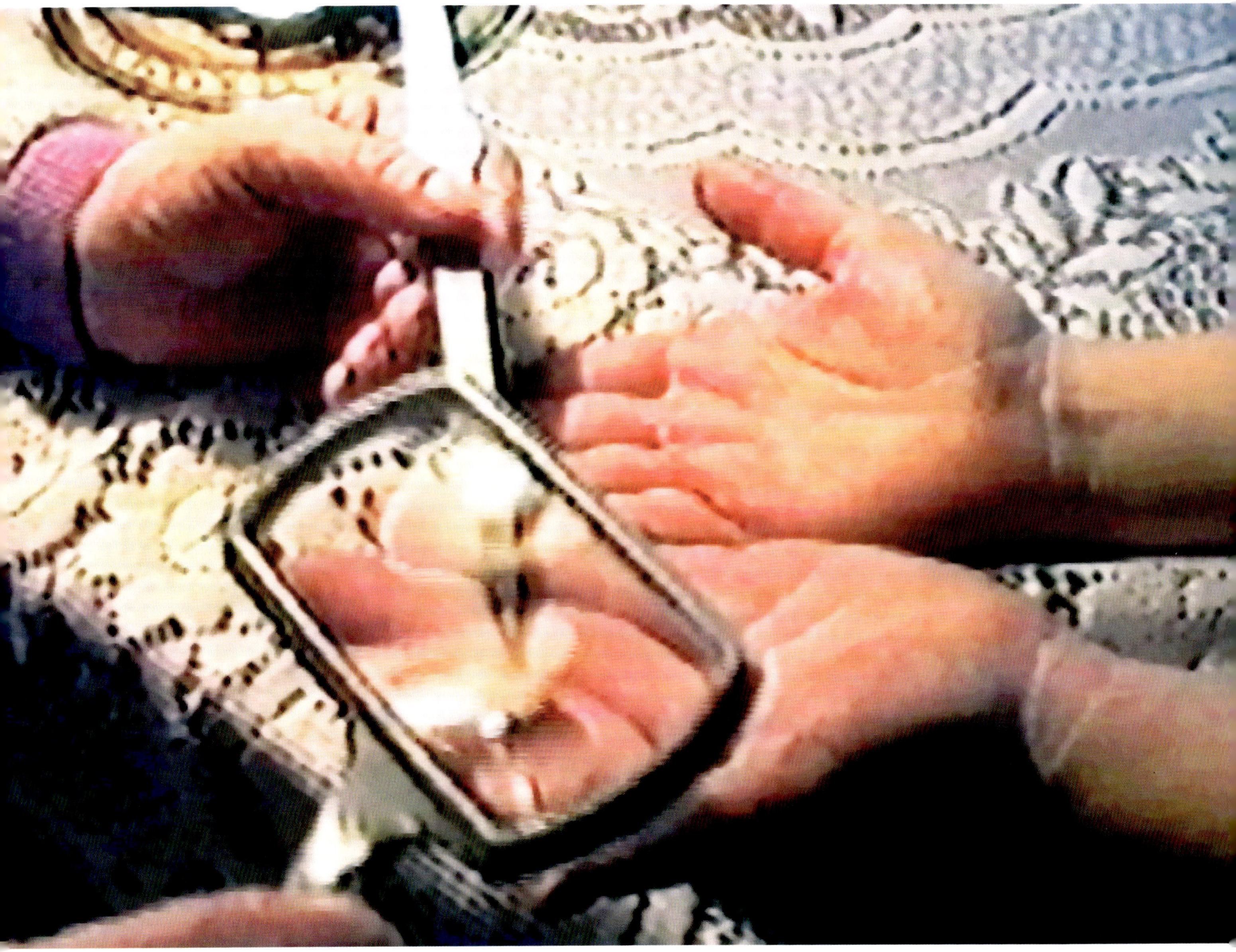

1, 2, 3, «Neulich bei Frau Novak», Videopräsentation, Trabant, Wien, 1995

4, 5, 6, «Zum Nutzen der Teilnehmer, im Rahmen der U.K.F.– Bundesländertournée, Galerie 5020, Salzburg, 1995

7, 8, 9, «Saisoneröffnung», Gredlerstraße, Wien, 1994

Oliver Croy

S. 96/97: Rainbow, 1996

Carla Degenhardt / Franzobel

S. 98/99: Bester Katalogbeitrag Opferlicht, 1996

Christian Hutzinger

S. 100: Wandmalerei, 1993, (Ausschnitt), 300 x 500 cm, Galerie Resa Hutzinger, Wien

S. 101: Moving In, 1996, Wandmalerei/Collage, Höhe 450 cm, Randolph Street Gallery, Chicago

Instinct Domain

S. 102/103: Signation, 1995, Videostills

Ronda Zheng

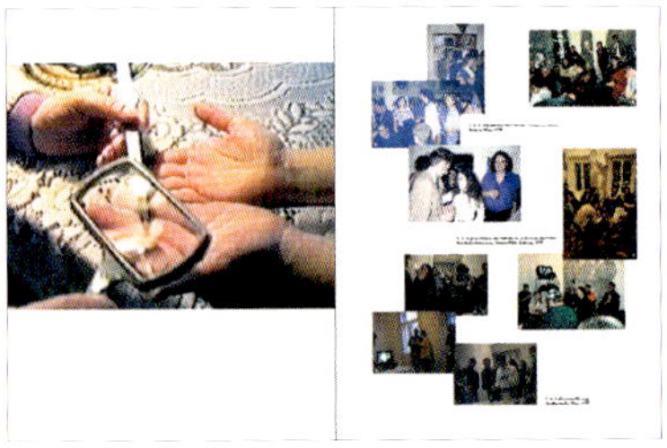

S. 104: «Neulich bei Frau Novak», 1995, Videostill

S. 105: 1, 2, 3, Neulich bei Frau Novak, 1995, Videopräsentation, Trabant, Wien
4, 5, 6, Zum Nutzen der Teilnehmer, 1995, im Rahmen der U.K.F.-Bundesländertournee, Galerie 5020, Salzburg
7, 8, 9, Saisoneröffnung, 1994, Gredlerstraße, Wien

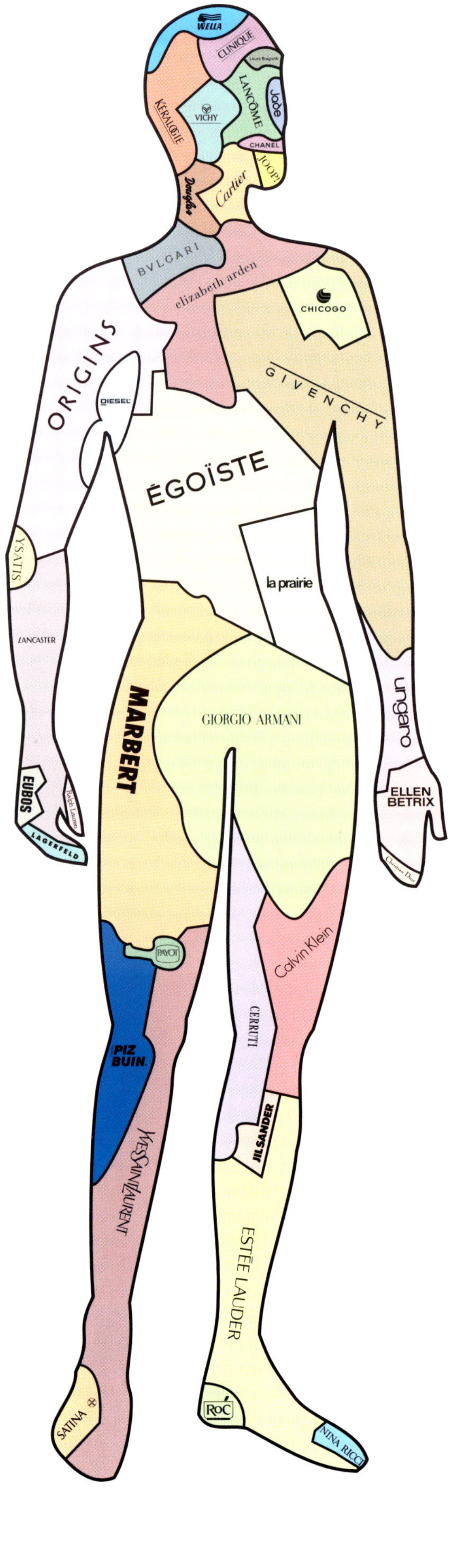
WELLA
CLINIQUE
LANCÔME
Jade
KÉRALOGIE
VICHY
CHANEL
JOOP!
Douglas
Cartier
BVLGARI
elizabeth arden
CHICOGO
ORIGINS
DIESEL
GIVENCHY
ÉGOÏSTE
YSATIS
la prairie
LANCASTER
MARBERT
GIORGIO ARMANI
ungaro
EUBOS
LAGERFELD
ELLEN BETRIX
PAYOT
Calvin Klein
CERRUTI
PIZ BUIN
JIL SANDER
YVES SAINT LAURENT
ESTĒE LAUDER
SATINA
RoC
NINA RICCI

sk for **EUGEN**

IRE ALL MY INFORMATION

lifornia Cryobank, Inc., 1019 Gayley Avenue, Los Angeles, CA 90024, tel. (310) 443-5244, fax (310) 443-5258, http://www.cryobank.com

Hit!

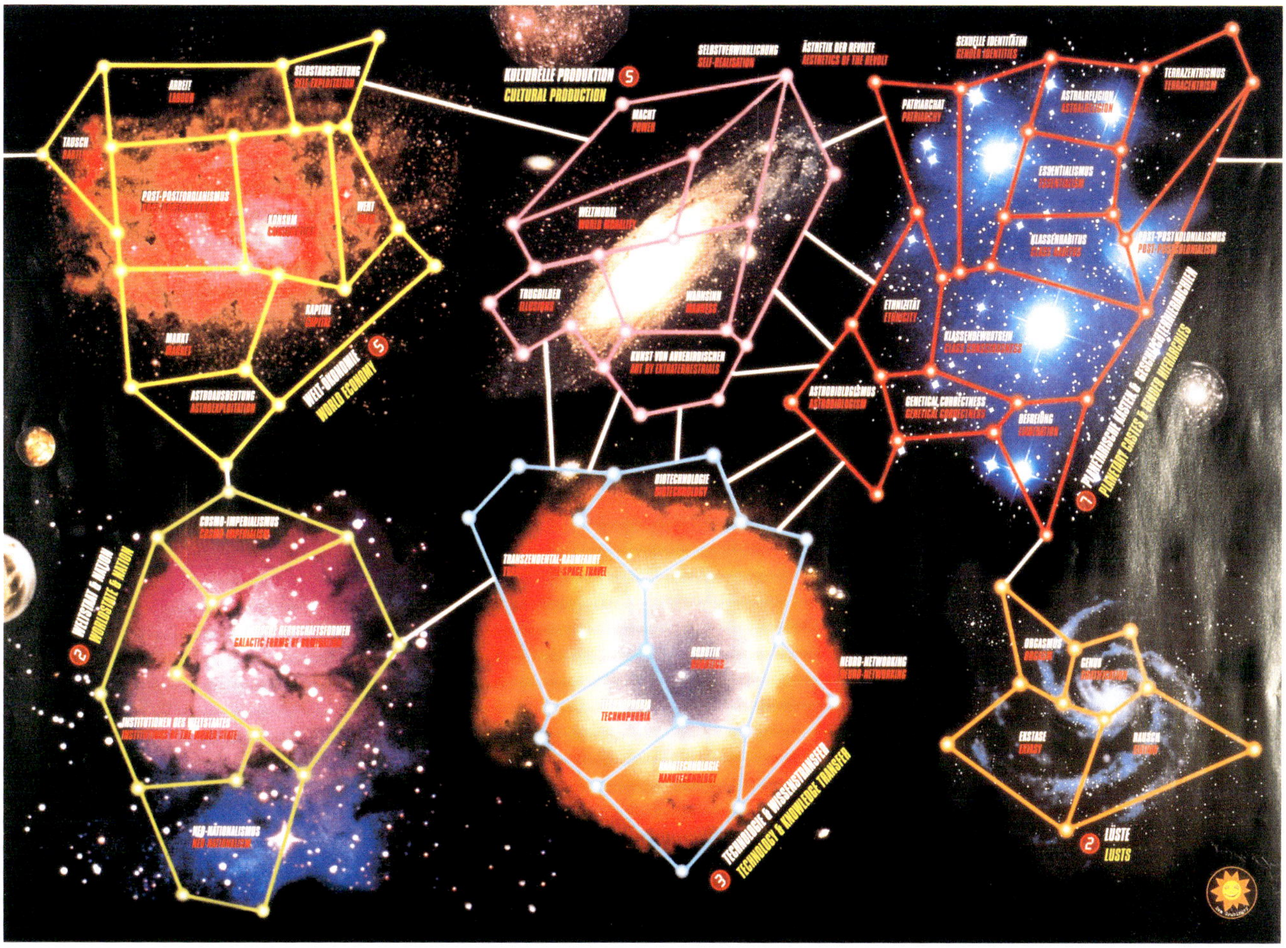
KULTURELLE PRODUKTION 5
CULTURAL PRODUCTION
ARBEIT
LABOUR
SELBSTAUSBEUTUNG
TAUSCH
POST-POSTFORDIANISMUS
KONSUM
WERT
KAPITAL
CAPITAL
MARKT
MARKET
ASTROAUSBEUTUNG
ASTROEXPLOITATION
WELT-ÖKONOMIE 5
WORLD ECONOMY
MACHT
POWER
SELBSTVERWIRKLICHUNG
SELF-REALISATION
ÄSTHETIK DER REVOLTE
AESTHETICS OF THE REVOLT
WELTMORAL
WORLD MORALITY
TRUGBILDER
ILLUSIONS
WAHNSINN
MADNESS
KUNST VON AUßERIRDISCHEN
ART BY EXTRATERRESTRIALS
SEXUELLE IDENTITÄTEN
GENDER IDENTITIES
PATRIARCHAT
PATRIARCHY
ASTRALRELIGION
ASTRALRELIGION
TERRAZENTRISMUS
TERRACENTRISM
ESSENTIALISMUS
KLASSENHABITUS
CLASS HABITUS
POST-POSTKOLONIALISMUS
ETHNIZITÄT
ETHNICITY
KLASSENBEWUßTSEIN
CLASS CONSCIOUSNESS
ASTROBIOLOGÍSMUS
ASTROBIOLOGISM
GENETICAL CORRECTNESS
GENETICAL CORRECTNESS
BEFREIÜNG
LIBERATION
7 PLANETARISCHE KASTEN & GESCHLECHTERHIERARCHIEN
PLANETARY CASTES & GENDER HIERARCHIES
COSMO-IMPERIALISMUS
COSMO-IMPERIALISM
GALACTIC FORMS OF DOMINATION
INSTITUTIONEN DES WELTSTAATES
NEO-NATIONALISMUS
2 WELTSTAAT & NATION
WORLDSTATE & NATION
BIOTECHNOLOGIE
BIOTECHNOLOGY
TRANSZENDENTAL-RAUMFAHRT
ROBOTIK
TECHNOPHOBIA
NEURO-NETWORKING
NEURO-NETWORKING
NANOTECHNOLOGY
3 TECHNOLOGIE & WISSENSTRANSFER
TECHNOLOGY & KNOWLEDGE TRANSFER
ORGASMUS
GENUß
EKSTASE
ECSTASY
RAUSCH
2 LÜSTE
LUSTS

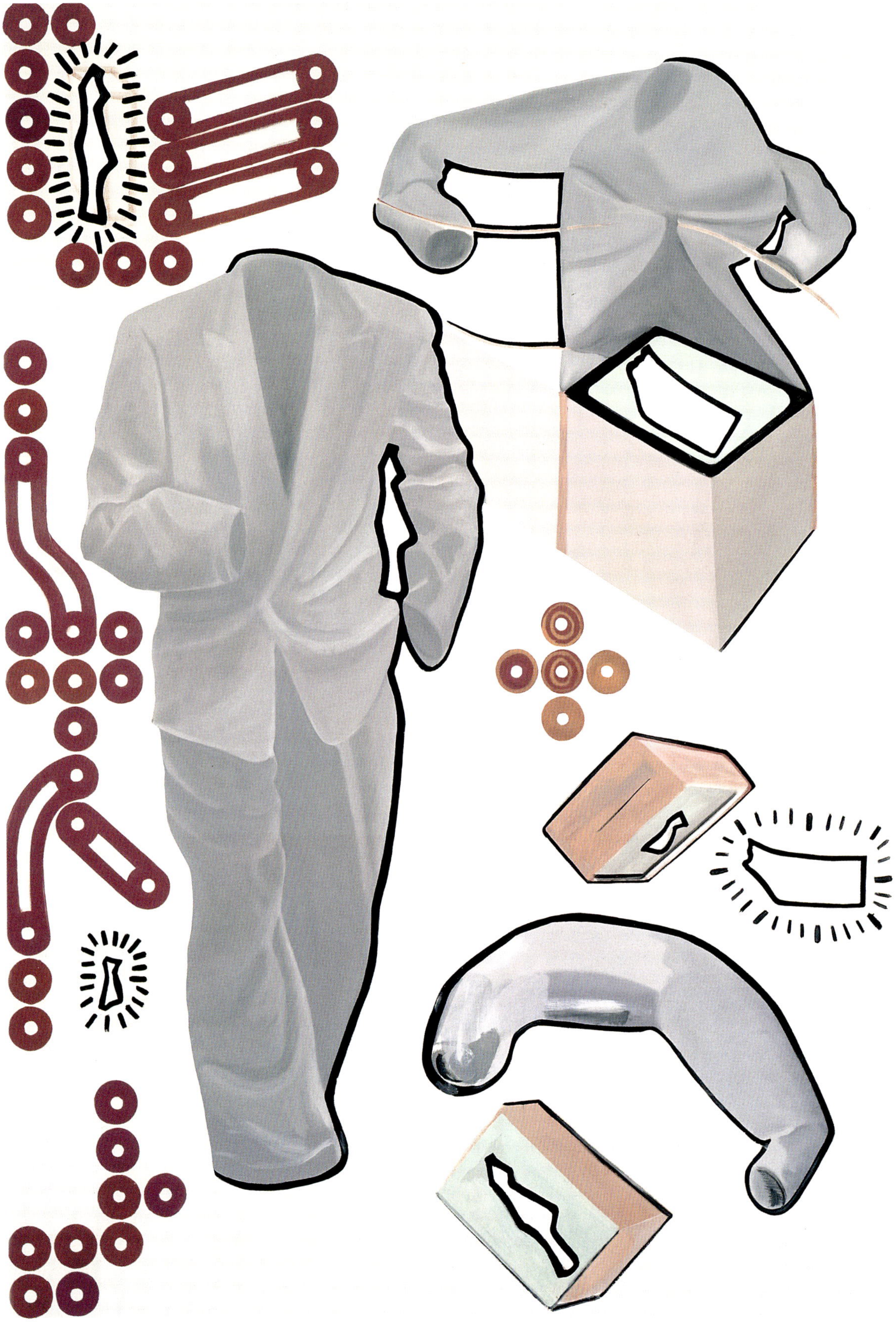

1
4
2
5
3
6
MONACO

YES

NO

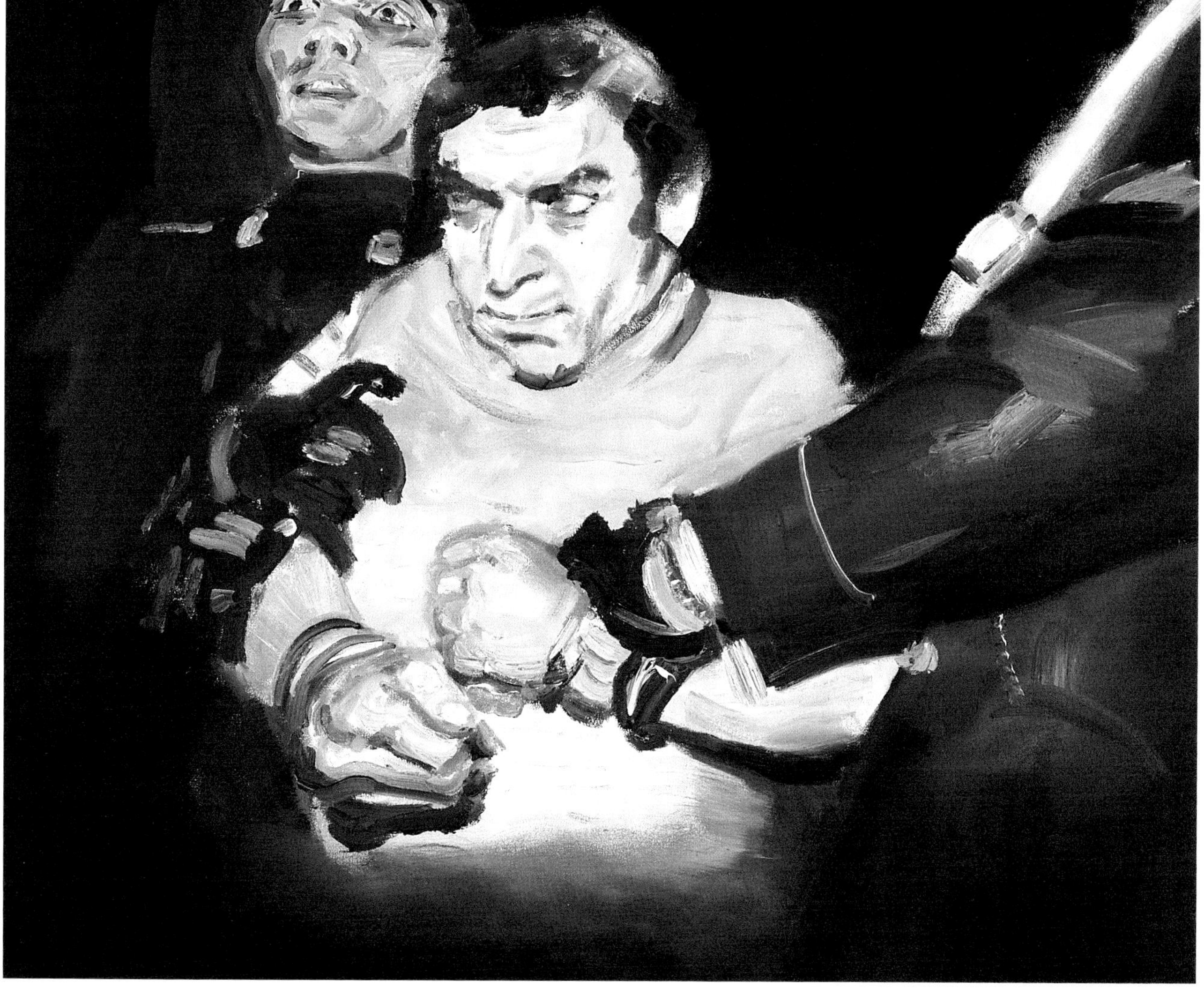

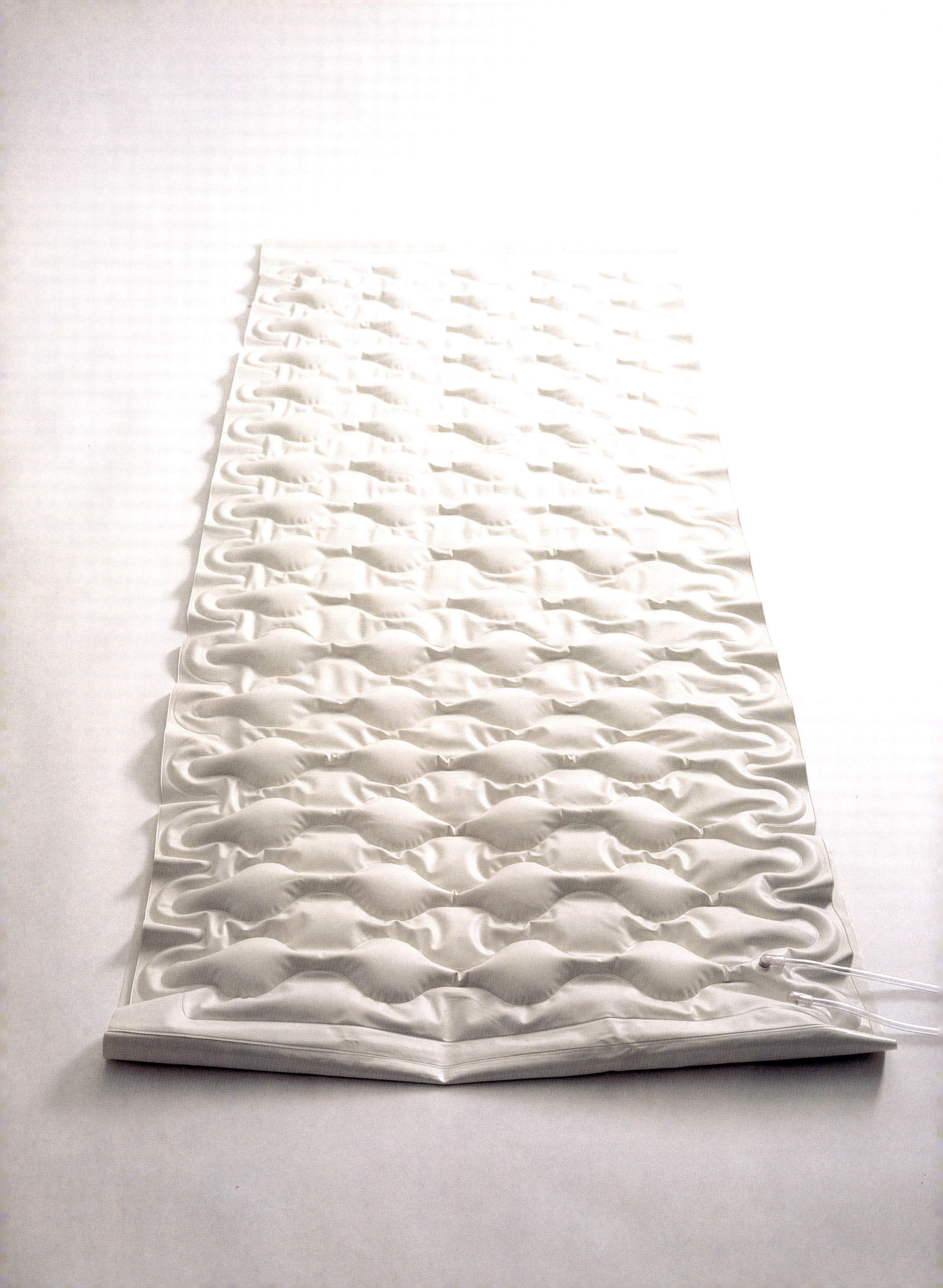

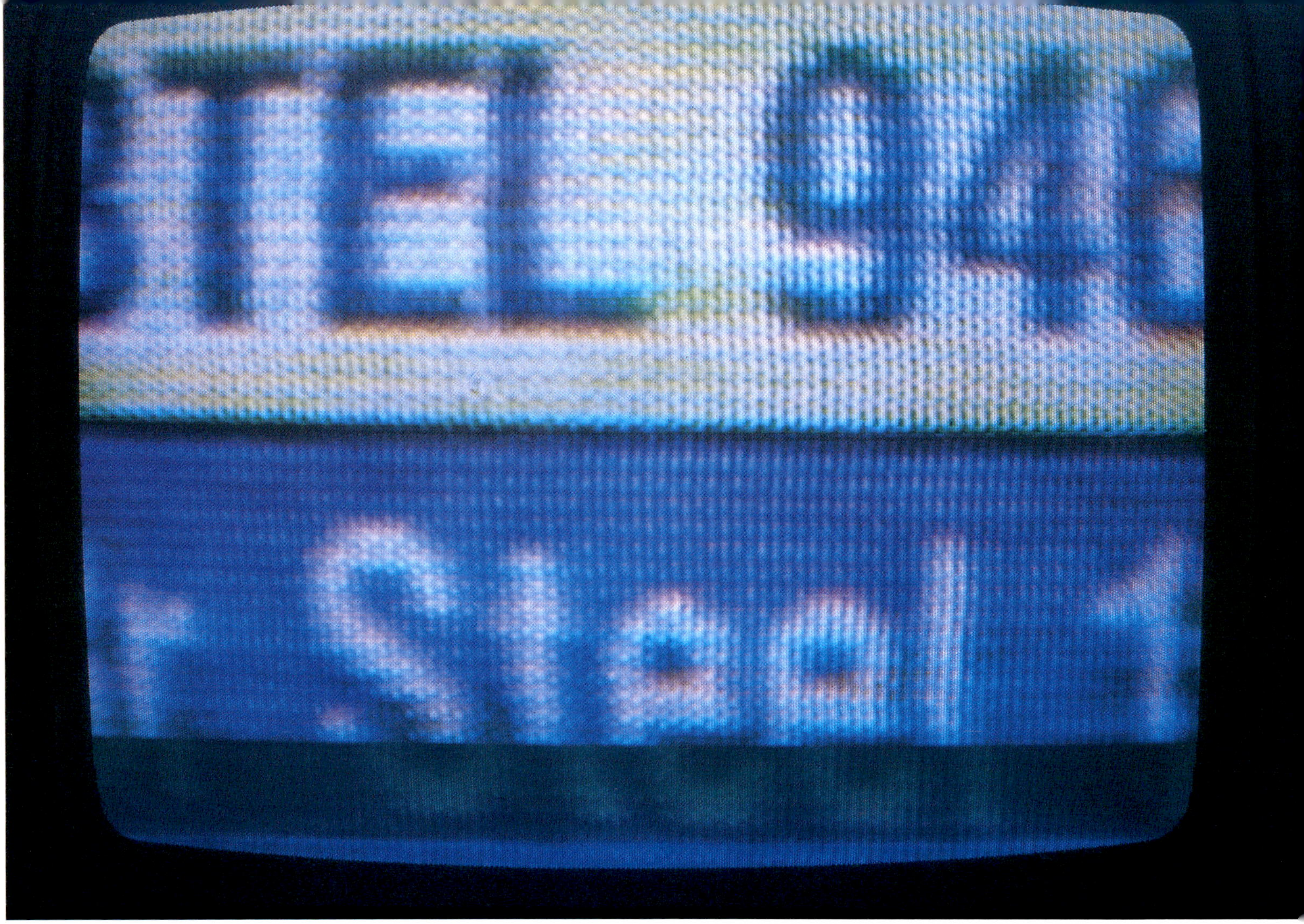

+148

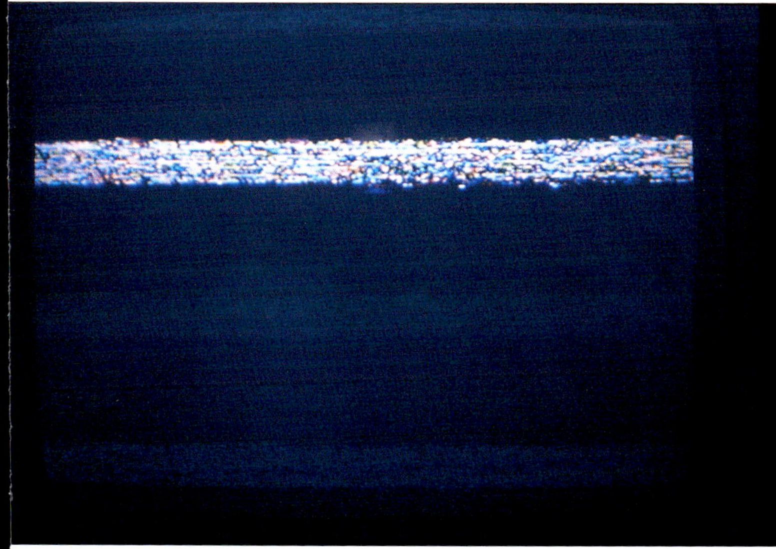

TOP SCORE

AUSGANG

Dank dem Cabcharge-System ist es keine Kunst,

weltweit in vielen Städten sofort mobil zu sein. Dabei ist besonders praktisch, daß Ihre Cabcharge-Karte Sie sofort überall als internationalen Taxi-Stammkunden ausweist. Das bedeutet: Ihre Aufträge genießen Priorität und man bemüht sich um Sie. Cabcharge arbeitet nur mit den besten und meist auch mit den größten Funktaxiunternehmen jeder Stadt zusammen.
Im Cabcharge-Netz erreichen Sie beispielsweise Taxis in London, Paris, Berlin, etc..., eine umfassende Auflistung aller Mitglieder erhalten Sie bei oder der Cabcharge-Karte.
In Wien und vielen weiteren österreichischen Städten stehen wir Ihnen unter der Rufnummer 1718 zur Verfügung.

cabcharge USA

cabcharge Frankreich

cabcharge Austria

cabcharge Belgien

cabcharge Singapur

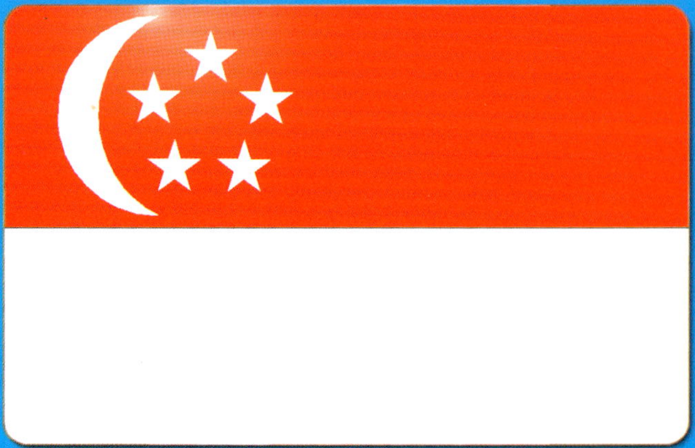

cabcharge Australien

cabcharge England und Nordirland

Machen Sie sich selbst ein klares Bild davon,

wie Sie auf Ihren Reisen rund um die Welt die vielen Vorteile von Cabcharge persönlich genießen können. Übersichtliche monatliche Aufstellungen über Ihre Taxikosten, das Vermeiden von unnötigem Zeitaufwand für das Geldwechseln, der Zinsgewinn durch spätere Verrechnung sowie die Sicherheit, daß jede Ihrer Taxifahrten nach den jeweils gültigen, offiziellen Taxitarif abgerechnet wird, machen das Reisen mit dem Cabcharge-System zum sicheren Vergnügen!
Fordern Sie jetzt Ihre persönliche Cabcharge-Karte am besten noch heute an: Cabcharge Austria, Absberggasse 17, 1100 Wien. Telefonisch erreichen Sie uns unter: (+43 1)602 31 45/26.

cabcharge Dänemark

cabcharge Kanada

cabcharge Deutschland

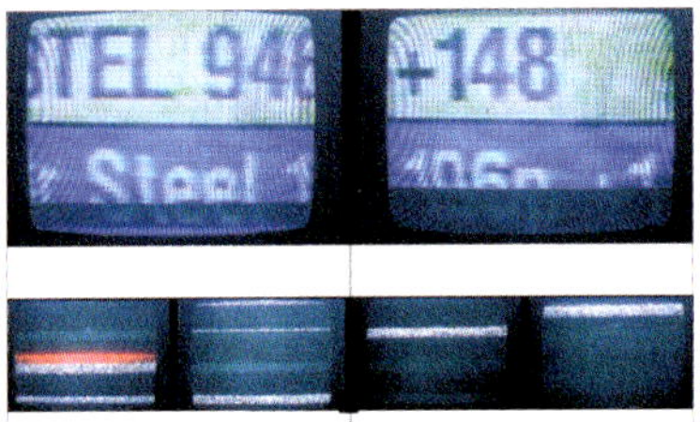

FOND

S. 128/129: Zentralschauplatz, 1996, Videostills

G.R.A.M.

S. 130/131: Topscore, 1996, Installation

Michael Kienzer

S. 132/133: Roter Teppich, 1996, Installation, Museum moderner Kunst Stiftung Ludwig Wien im 20er Haus (Fotomontage)

20228-0000042945

S. 134/135

DER SOG DER GESCHWINDIGKEIT IST NICHTS ALS DER WUNSCH NACH AUSLÖSCHUNG

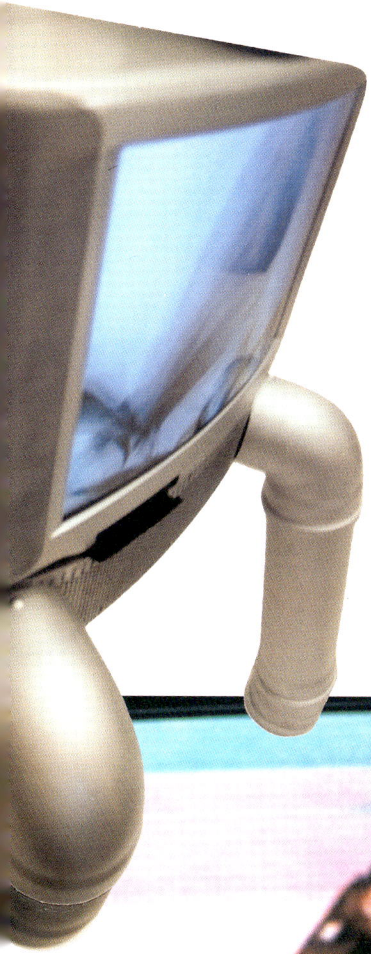

Siegrun Appelt

geboren 1965 in Bludenz / born 1965 in Bludenz
lebt und arbeitet in Wien / lives and works in Vienna

1995 New York-Stipendium für künstlerische Fotografie
1. Preis, Hypo-Bank-Kunstpreis, Bregenz
1996 Rom-Stipendium für künstlerische Fotografie

EINZELAUSSTELLUNGEN (AUSWAHL) / SELECTED SOLO EXHIBITIONS
1992 Galerie allerArt, Bludenz
Künstlerhaus Palais Thurn & Taxis, Bregenz (mit G. Tagwerker und C. Lutz)
1993 Österreichisches Tabakmuseum, Wien
1994 Galerie Lisi Hämmerle, Bregenz
1996 Raum für aktuelle Kunst, Luzern

AUSSTELLUNGSBETEILIGUNGEN / GROUP EXHIBITIONS
1989 Palais Liechtenstein, Feldkirch
Künstlerhaus Palais Thurn & Taxis, Bregenz
1990 Fotogalerie Wien
1991 *VOR ORT*, Feldkirch
1991 *Konzept I*, Künstlerhaus Palais Thurn & Taxis, Bregenz
1992 University at Carbondale, Illinois
Kunstschaufenster, Dornbirn
1993 *Kunst: die 1/2 Miete*, Studio allerArt, Bludenz
Galerie Station 3, Wien
1994 *Rupertinum Fotopreis*, Rupertinum, Salzburg
zwischenbilder / zwischenräume, Oberösterreichische Landesgalerie, Linz
Foto Different, Kunstforum Hallein
Römerquelle Kunstwettbewerb, Wanderausstellung Österreich
private plot, 4-rooms, Wien
1995 Kunstverein Altkirch
Kunstverein Salzburg
Editionen, Galerie Lisi Hämmerle, Bregenz
1996 Künstlerhaus Palais Thurn & Taxis, Bregenz
Hintersinnig, Galerie Eugen Lendl, Graz

BIBLIOGRAPHIE / BIBLIOGRAPHY
Camera Austria 37/1991, Graz 1991
Carl Aigner, in: Wiener Zeitung, Wien 1992
Kurt Kaindl, Hildegund Amanshauser, *Siegrun Appelt, Arbeiten 1991–1993*, in: Kunst: die 1/2 Miete, Studio allerArt, Bludenz 1993
zwischenbilder / zwischenräume, Oberösterreichische Landesgalerie, Linz 1994
Positionen aktueller Kunst in Vorarlberg, Hypo-Bank-Kunstpreis, Bregenz 1996
Rainer Fuchs, *Genaue Unschärfen – zu den neuen Arbeiten von Siegrun Appelt,* in: Eikon, 16/17, 1995/96, Wien 1996

Oliver Croy

geboren 1970 in Wien / born 1970 in Vienna
lebt und arbeitet in Wien / lives and works in Vienna

1991–95 Studium an der Hochschule für angewandte Kunst in Wien

AUSSTELLUNGS- UND PROJEKTBETEILIGUNGEN / GROUP EXHIBITIONS
1992 *Wandzeitung*, museum in progress, Wien
Delicate & Brutal, steirischer herbst, Graz, Galerie Freiberger, Mürzzuschlag
1993 *paper works – works on paper*, Kunsthalle Exnergasse, Wien
1994 *Return*, museum in progress, Wien
1995 *une boulé à facettes – two tasteboosters* (mit Matthias Hammer), ART-Club, Wien
Liechtensteinstraße 58 / Tür 10, Wien
friends of ..., Paxos; New York
stetig pubertär, Sommarugagasse 5/6, Wien
Special Greek Night, Kommunikationsbüro, Große Neugasse 17, Wien

Carla Degenhardt / Franzobel

Carla Degenhardt

geboren 1963 in Buenos Aires / born 1963 in Buenos Aires
lebt und arbeitet in Wien / lives and works in Vienna

1981–86 Studium an der Akademie der bildenden Künste in Buenos Aires
1989 Stipendium des P.A.D., Heidelberg
1990–91 Studium an der Akademie der bildenden Künste in Wien, Meisterklasse Prof. Arnulf Rainer
1991 Studium an der Akademie für angewandte Kunst in Wien, Meisterklasse Prof. Beverly Piersol
1993–94 Paris-Stipendium des Bundesministeriums für Unterricht und Kunst
1994 Studium an der Akademie der bildenden Künste in Wien, Meisterklasse Prof. Michelangelo Pistoletto

EINZELAUSSTELLUNGEN / SOLO EXHIBITIONS
1988 Galerie Esteban Lisa, Buenos Aires
1991 *Desentierros*, Theseus Tempel, Wien
1994 *Schmusemonster*, Ausstellungsraum „you never know“, Wien
1995 *Platz und App-ort*, 2 Aktionen mit Rettungshunden, Akademie der bildenden Künste, Wien
Gurkengalerie, Kulturzenturm Roßmarkt, Grieskirchen
Un grand amour, Galerie Maerz, Linz

AUSSTELLUNGSBETEILIGUNGEN / GROUP EXHIBITIONS

1984 *Grupo 21*, Galerie Boedo, Buenos Aires

1987 Galerie Luis Seoane, Buenos Aires

1991 *Junge Szene Wien*, Wiener Secession

1992 *(D.E.L.R.)*, Kunsthalle Exnergasse, Wien

1993 Galerie ON, Poznan
Korrelationen, works on paper – paperworks, Kunsthalle Exnergasse, Wien
Galerie Lisi Hämmerle, Bregenz

1995 *Jahresprognose 1995*, Handleseperformance, 4U, Wien
Liechtensteinstraße home project, Wien
Institut Française, Wien
Jahresgaben 1995, Kunstverein Braunschweig
Editionen, Galerie Lisi Hämmerle, Bregenz

Franzobel

geboren 1967 in Vöcklabruck / born 1967 in Vöcklabruck
lebt in Wien und Pichlwang als freischaffender Autor / lives in Vienna and Pichlwang as free-lance writer

bis 1991 bildender Künstler
seit 1991 ausschließlich Autor

PREISE / AWARDS

1992/93 Linzer Stadtschreiber

1994/95 Talentförderungspreis des Landes Oberösterreich

1995 Ingeborg Bachmann Preis
Wiener-Werkstatt-Preis

PUBLIKATIONEN / PUBLICATIONS

Überin. Die Gosche, Selene, Klagenfurt 1993
Masche und Scham. Die Germanistenfalle, Selene, Klagenfurt 1993
Begonien Geblüht, edition fäx, Wels 1993
Elle und Speiche. Modelle der Liebe, das fröhliche wohnzimmer-edition, Wien 1994
Enten. Eine Fluxus-Schachtel mit Jürgen O. Olbrich, Tiegel & Tumulte, Kassel 1994
Ranken. Ein Buch für dick und dünn (gemeinsam mit Carla Degenhardt), Selene, Klagenfurt 1994
Die Musenpresse, Ritter Verlag, Klagenfurt 1994
Thesaurus. Ein Gleiches. 24 konzeptionelle Gedichte, Universitätspresse (experimentelle texte nr. 39), Siegen 1995
Hundshirn, Blattwerk, Linz 1995
Die Krautflut. Erzählung, Suhrkamp, Frankfurt a. M. 1995
Das Beuschelgeflecht. Bibapoh. Zwei Stücke, Suhrkamp, Frankfurt a. M. 1996

Thomas Feuerstein

geboren 1968 in Innsbruck / born 1968 in Innsbruck
lebt und arbeitet in Innsbruck / lives and works in Innsbruck

Studium der Kunstgeschichte und Philosophie; arbeitet als Künstler und Autor in Bereichen bildender und medialer Kunst

EINZELAUSSTELLUNGEN / SOLO EXHIBITIONS

1989 *Bei Ausstellung untersagt*, Kunsthalle Innsbruck

1991 *Vom Stil zum Programm*, Universitätsgalerie, Innsbruck (gemeinsam mit Klaus Strickner)
Spurenapparat, Französisches Kulturinstitut, Innsbruck (gemeinsam mit Klaus Strickner)

1993 *Artificial Identity*, Mediengalerie, Innsbruck (gemeinsam mit Klaus Strickner)
Hausmusik – Konzert für realdatengesteuerte Instrumente, Unit n, Wien (in Zusammenarbeit mit M. Fuchs, K. Strickner, M. Zabelka)
Der Galerieraum als Rechenraum – Taped Canvases, Galerie Elefant, Hall (gemeinsam mit Klaus Strickner)
Kontingente Welten, Andechsgalerie, Innsbruck (gemeinsam mit Klaus Strickner)

1994 *Tausch des Öffentlichen. Vom Kunsthandel zum Handel der Kunst*, Vorarlberger Kunstverein, Magazin 4, Bregenz
RealData Stampede – Realdatenkonzert für Massenmedien und Computer, Transit Innsbruck (in Zusammenarbeit mit T. Bergmann u. a.)

AUSSTELLUNGSBETEILIGUNGEN / GROUP EXHIBITIONS

1992 *News of the Future*, Haus der Architektur, Graz

1993 *Künstliches Leben*, Ars Electronica Linz
Künstliche Spiele, Medienlabor München
Differenz-Indifferenz-Interferenz, Kunstverein Fürstenfeldbruck bei München

1995 *Falsch verbunden*, Kunsthaus Hamburg
Diskurs der Systeme, Universität Innsbruck
Am Anfang war ..., Kunsthalle Tirol

1996 *Interieur*, Galerie Menotti, Baden bei Wien
Xm≤ Clon, Österreichisches Kulturinstitut, Krakau
Mischungen-Differenzen-Hybriden, Forum Stadtpark, Graz

BIBLIOGRAPHIE / BIBLIOGRAPHY

T. Feuerstein / K. Strickner, *Künstlerheft / Medien.Kunst.Passagen*, Wien 1992
T. Feuerstein / M. Fuchs / K. Strickner / M. Zabelka, *Hausmusik*, Wien 1993
T. Feuerstein, *System-Daten-Welt-Architektur*, Wien 1995

FOND

1990 Entstehung

1991 *War – Fleischaktion*, 15. 1., Hauptplatz, Graz
Eröffnung: *FONDlokal*, Mariahilferstraße 13, Graz
Gründung des Vereins ProFOND
Samstagsaktionen:
Exploration – Paradigmenwechsel zu deterministischen Strukturen, Aktion von Winfried Ritsch
Warum alles ganz anders ist – frag ihn und er sagt es dir auch nicht, Aktion von Karl Grünling
Lotre Armont, Aktion von Katrin Velik
Lage, Aktion von Michael Kramer (+ Präsentation der Musikkassette „Lage" von Michael Kramer und Karin Heide)
Einwand, Aktion von Ewald Onzek
Der brave Faschist, Aktion von Manjuscha
Schau wie der Mond (Rückkopplung in der Auslage), Aktion von Karin Heide
Kapölzlanckl, Aktion von Fleischpost (H. Kaplan, A. Klöckl, M. Pölzl)
Videatur (Videopräsentation)
Sokratische Runde zur Biologie der Wörter, Arbeitskreis mit Carl Frisch
Gesamtausstellung + Rotationskonzert
Hausstellung, Eröffnung FONDhaus, Mühlgasse 11, Graz
Bronzen, Ölbilder, Ausstellung von Axel Staudinger
Demobilat, Konzert der gleichnamigen Experimentalgruppe
Und sie ist doch flach, Multiplikation von Karl Grünling
Cyilove-Moonlike, Sound & Vision Show von Christian Gschier
Silvesterinstallation von Fleischpost

1992 *Wärmepol/Feuerstelle*, Aktion von Ewald *Onzek*, Tummelplatz, Graz
Hammerschlag – Ein intermediales Symposion, von H. Wallner
Fondplastik, Auftragsarbeit für die Frauenprojektmesse in der Hofburg
La Espiral Eterna, klassisches Gitarrenkonzert von Konstantia Bargielski
Der Kandidat, Ausstellung und Aktion von Heinz Baumüller
Fish + Cat, Ausstellung von Michael Pinter
Love is strange, Filmpräsentation + Ausstellung von Mastrotatoro
Time comes without asking, BTZpräsentation von Edda Strobl
Todo Para Todos, Ausstellung von Jolanda Herranz + Azucena Pintor (Eva & Co*)*
Noch heute könnt ihr mich erschlagen, Ausstellung von Karl Grünling

1993 *Ein Flug in die Narrosphäre*, FONDvollmaskenfest
Marsch, Tekkno-Event von Dietmar Pötsch + Gregor Schmoll
Plakate 91–93, Ausstellung von Bernhard (Lupo) Wolf
Schnee von gestern – Raum im Verschwinden, Ausstellung von Erika Thümmel + Reni Hofmüller
Nebel, Aktion von Winfried Ritsch
Schleuse, Das multitriviale Haus, BTZevent
THEmodernARTschop, Flughafen Graz
Postkunst, Postkartenedition im Forum Stadtpark, Graz

1994 *Win*, Aktionsabend + Rave in der Peep Show von Guido Granitz
Taststrahl, Installation von Winfried Ritsch (im Rahmen der Richterskala von INTRO GRAZ SPECTION)
Privat, Präsentation von Karl Grünling
FONDsamstagabendSCHAU:
Realitätserzeugung
Willkürliche Fiktionen
Wendepunkt 134
Sirius
Record
Sex
7
Psycho
Gratis
Frauen
Kunst
69
Jubiläum
FONDbenefizSCHAU, Grazer Kunstverein

1995 *Mix*, Vorankündigungsreihe von Edda Strobl (im Rahmen von INTRO GRAZ SPECTION)
FONDautoSCHAU, Forum Stadtpark, Graz
Krishna, Beitrag zum Kunstpreis der Diözese Graz-Seckau
Radio Aktiv, Pilotsendung im freien Radio Steiermark
FONDdie5teartSCHAU, Eröffnungsereignis der permanenten FONDkonferenz 95/96
Förderungspreis für Bildende Kunst der Stadt Graz

1996 *Josef Beuys*, Gedenkabend zum 10ten Todestag im Rahmen der 5TEN ART
Literarischer Zirkel, Provokationslesung
FONDlandSCHAU, Durchleuchtung der kulturellen Grundpfeiler des Landes
FONDweltSCHAU, Projektionen aus und in die Welt, steirischer herbst, Graz

G.R.A.M

1987 in Graz von Günther Holler-Schuster, Ronald Walter, Armin Ranner, Martin Behr gegründet

PREISE / AWARDS

1990 Preis der Künstlerjury, Kunst auf Zeit, Plakataktion der Gruppe 77 und des Kulturamtes der Stadt Graz

1991 Förderungspreis für bildende Kunst der Stadt Graz
Preis des Bundesministeriums für Unterricht und Kunst im Rahmen des Steirischen Landeskunstpreises

1992 Preis im Rahmen des XXI. Landesförderungspreises der Steiermark für Fotografie

1993 1. Internationaler CCN-Grafikwettbewerb, „Ostblick – Westblick"

1995 Kunstpreis der Diözese Graz-Seckau für zeitgenössische bildende Kunst

EINZELAUSSTELLUGEN (AUSWAHL) /
SELECTED SOLOEXHIBITIONS

1987 *Pilotausstellung*, Privatgalerie in der Griesgasse, Graz

1988 *Reinigungswoche*, Landesmuseum Joanneum, Graz
Komfortküchen, Projekt Lebensenergie der Steirischen Kulturinitiative und B. Ruckli, Mariatrost, Graz

1989 *Wer fuhr was?,* Galerie H. & W. Lang, Graz
Rekord, Töne von G.R.A.M, Radio-Kunst /ORF, Graz
Himmel, steirischer herbst, Galerie 4, Graz

1990 *Bang!,* Galerija Skuc, Ljubljana

1991 *Maine-Lobster*, Neue Galerie, Graz

1992 *Hobby,* Forum Stadtpark, Graz

1993 *Auto*, Projekt Treibstoff Supernormal, Madling

1994 *Decken,* Kunsthalle Exnergasse, Wien
Am Klo, Präsentation des Masochisten Hermes Phettberg, Südautobahn, Graz

1995 *John Woo ...,* Nice-Fine Arts, Nizza
Mallory Pier, Mücsarnok, Budapest
Magic, steirischer herbst, Werkstadt Graz

AUSSTELLUNGSBETEILIGUNGEN (AUSWAHL) /
SELECTED GROUP EXHIBITIONS

1990 *Carta Colore*, Grafikbiennale, Udine

1991/92 *Fingerprints*, Werke des österreichischen Kleingrafik-Wettbewerbs, Klagenfurt; Wien
Junge Österreicher, Keptar-Museum, Szombathely; Pecsi Galerijy, Pecs
Diözesanpreis-Ausstellung, Kulturzentrum bei den Minoriten, Graz

1993 *Real Aids*, Grazer Kunstverein

1993/94 *Ostblick – Westblick*, Cultural City *Network,* Graz; Zagreb; Klagenfurt; Osijek; Split; Dubrovnik; Rijeka

1994 *18. Grafikbiennale*, Imjetnicki Pavilijon, Zagreb
Zwischenbilder / Zwischenräume, Oberösterreichische Landesgalerie, Linz
Styrian Window, Neue Galerie am Landesmuseum Joanneum, Graz

1995 *Fast Food Wochen*, Schloß Farrach, Zeltweg
Stereo-Tip, Mestna Galerija, Ljubljana
Präsentation der Magic-Videos, Centre d'Art Can, Neuchatel

BIBLIOGRAPHIE (AUSWAHL) /
SELECTED BIBLIOGRAPHY

Rainer Fuchs, *Gruppenbild mit Haus*, in: Komfortküchen, Graz 1988
Werner Fenz, in: Carta Colore, Udine 1990
Rainer Fuchs, *Erinnerung und Wieder-Holung*, in: Bang, Ljubljana 1990
Wilfried Skreiner, *Zur Laserkopieserie der Künstlergruppe G.R.A.M.*, in: Maine Lobster, Graz 1991
Wilfried Skreiner, in: *Junge Österreicher*, Neue Galerie am Landesmuseum Joanneum, Graz 1991
Günther Holler-Schuster, *Zur Rauminstallation „Hobby" von G.R.A.M.*, in: Hobby, Graz 1992
Rainer Fuchs, in: 18. Grafikbiennale, Zagreb 1994
Susi und Magdalena, in: Decken, Wien 1994
Hermes Phettberg, in: Stock im Eisen, Wien 1994
Carl Aigner, in: Zwischenbilder / Zwischenräume, Linz 1994
Günther Holler-Schuster, in: Styrian Window, Graz 1994
Thomas Trummer, in: Fast Food Wochen, Zeltweg 1995

Eva Grubinger

geboren 1970 in Salzburg / born 1970 in Salzburg
lebt und arbeitet in Köln, Berlin und Wien / lives and works in Cologne, Berlin and Vienna

EINZELAUSSTELLUNGEN (AUSWAHL) /
SELECTED SOLO EXHIBITIONS

1992 *Zur Virtualität der Koexistenz oder: Wie finde ich meinen Typ*, Live-Installation (mit Regina Frank), Thermen am Europa-Center, Berlin

1994 *C@C – Computer Aided Curating*, World Wide Web (internet), Galerie EIGEN+ART, Berlin

1996 *Hype!, Hit!, Hack!, Hegemony!*, Künstlerhaus Stuttgart

AUSSTELLUNGSBETEILIGUNGEN (AUSWAHL) /
SELECTED GROUP EXHIBITIONS

1991 *Provinz – Dissipative Strukturen vor Ort*, Quergalerie, Berlin
Das Diaphaidon oder die dezente Verwechslung der Gleichaltrigen, Video *Live-Installation,* Offener Kanal, Berlin
Architektur des Zwischenraums, Berlin; Silicon Valley; Tokyo

1992	*INTER AKTIV IST*, Galerie Design Transfer, Berlin
	Paravision, Quergalerie, Berlin
1993	*Intervall 93*, Quergalerie, Berlin
	Museum für die Zukunft, Künstlerhaus Bethanien, Berlin; Galerie Schipper/Krome, Köln
1994	*Kunst:Sprache*, Kunst-Werke, Berlin
	Informationsdienst, Goethe House, New York
	Dokument-Stationen, Galerie Martin Schmitz, Kassel; allgirls gallery, Berlin
	When tekkno turns to sound of poetry, Shedhalle, Zürich
	Private Mix, Galerie EIGEN+ART, Berlin
	globalokal, Stadtgalerie Burg Gmünd
	Parallel of Life and Art II, Steirische Landesausstellung, Cafe Wallfahrt, Pöllau
	Diagonale 1994, Galerie 5020, Salzburg
	EIGEN+ART in London, Independent Art Space, London
1995	*Cosmos. Des Fragments Futurs*, Magasin / Centre National d'Art Contemporain, Grenoble
	New Rose Hotel, Transmission Gallery, Glasgow
	Welcome to the Wired World, Ars Electronica, Linz
	Club Berlin, Biennale Venedig
	Nitsch – Kowanz – Grubinger, Drei Künstlergenerationen aus Österreich, Neuer Berliner Kunstverein, Berlin
	Mama & Papa, Galerie EIGEN & ART, Berlin
	filmcuts, Galerie Neugerriemschneider, Berlin
	Palast der Künste, Kölnischer Kunstverein

VERÖFFENTLICHUNGEN / PUBLICATIONS

1994	A.N.Y.P. nr. 6
	mute/digital art critique nr. 1
1995	blocnotes nr. 8, blocnotes nr. 10

Richard Hoeck

geboren / born 1965 in Innsbruck
lebt und arbeitet in New York / lives and works in New York

EINZELAUSSTELLUNGEN (AUSWAHL) /
SELECTED SOLO EXHIBITIONS

1987	Hochschule für angewandte Kunst, Wien
1988	Galerie Krinzinger, Innsbruck
1991	Forum Stadtpark, Graz
	Galerie & Edition Artelier, Graz
	Grazer Kunstverein
1992	Galerie & Edition Artelier, Frankfurt
	Galerie Bruno Brunnet Fine Arts, Berlin
	Kunstraum Mannheim
1994	Galerie Fons Welters, Amsterdam
1996	MAK Galerie, Museum für Angewandte Kunst, Wien
	Randolph Street Gallery Resource Room, Chicago

AUSSTELLUNGSBETEILIGUNGEN (AUSWAHL) /
SELECTED GROUP EXHIBITIONS

1985	*Aktion mit Freunden*, Institut für Gegenwartskunst, Wien
1987	*Various Artists, Vienna,* Oslo
1988	*steirischer herbst*, Neue Galerie am Landesmuseum Joanneum, Graz
	Galerie Grita Insam, Wien
1989	Galerie CC, mit Helmut Draxler, Casino Graz
	Junge Szene Wien, Wiener Secession
1990	*Sub & Co*, Österreichisches Kulturinstitut, New York
	art critics art, mit Helmut Draxler, Galerie Esther Schipper, Köln
1991	*Kunst, Europa,* Deichtorhallen, Hamburg
	Galerie Esther Schipper, Köln
1992	*Spielhölle, Aesthetic & Violence*, Subway St. Bockheimer Warte, Frankfurt
	3. Internationale Biennale Istanbul
	Wandzeitung, museum in progress, Wien
1993	*Spielhölle, Aesthetic & Violence*, Grazer Kunstverein; Galerie Sylvana Lorenz, Paris
	Prospect '93, Frankfurter Kunstverein
	Reise zu den Quellen, museum in progress, Wien
	Shedhalle, Zürich
	Galerie Bob von Orsouw, Zürich
1994	American Fine Arts, Co. Colin De Land Fine Art, New York
	Exhibition, Museum moderner Kunst Stiftung Ludwig Wien
	P.S.1 Institute for Contemporary Art, Long Island City, New York
	Akademie der Wissenschaft und Künste, Zagreb
	Lokalzeit – Wiener Material im Spiegel des Unbehagens, Raum Strohal, Wien; Museum of Modern Art, Ljubljana; Fondazione Querini, Venedig
	Körpernah, Galerie Krinzinger, Wien
1995	*Special project*, Guggenheim Museum, SoHo, New York
	Four Walls Film Club, mit Erhard Schüttpelz, Brooklyn
	Cuppitstreet Gallery, London
	American Fine Arts, Co. Colin De Land Fine Art, New York
	L'art Autrichien 1960–1995, Galerie de l'ecole des Beaux-Arts, Rouen
	Neue Galerie, Graz
	Limited. Originalserigraphien und Multiples der Edition Artelier, Palais Liechtenstein, Feldkirch
1996	L'ecole des Beaux-Arts de Rennes
	Travelling Eye, museum in progress, Wien
	Do it, Home version, curated by Hans-Ulrich Obrist, museum in progress, Wien
	Festival Polyphonix, Musée des Arts d'Afrique et d'Océanie, Paris
	Video 10, Hell is You: The New Cinema 1979, Tiroler Landesmuseum Ferdinandeum, Innsbruck

1996 *Farell, Faust, Hains, Hoeck, Ono, Sturtevant, Trockel,* La Criée, Centre d'Art Contemporain, Rennes

BIBLIOGRAPHIE (AUSWAHL) / SELECTED BIBILOGRAPHY

Markus Brüderlin, *Ambiguous Strategies, The Conceptual in Contemporary Austrian Art*, in: AICARC Bulletin of the Archives and Documentation Centers for Modern & Contemporary Art, 1992

Rainer Fuchs, *Geschrieben a, b, c, d*, 3. Internationale Biennale Istanbul, 1992

Mark Kremer, *The Rebirth of Drama,* in: Kunst & Museum Journal, Vol. 5, No. 2, 1993

Rainer Fuchs, *Exhibiton-Text*, Exhibition, Museum moderner Kunst Stiftung Ludwig Wien, 1994

John Miller, *God's Country,* in: Katalog Film/3, MAK Galerie, Museum für Angewandte Kunst, Wien 1996

Andreas Holzknecht

geboren 1964 in Innsbruck / born 1964 in Innsbruck
lebt und arbeitet in Wien / lives and works in Vienna

Studium der angewandten Malerei an der Höheren Technischen Lehranstalt Innsbruck
Studium an der Hochschule für angewandte Kunst in Wien bei Prof. Oswald Oberhuber und Prof. Ernst Caramelle

seit 1989 Gemeinschaftsarbeiten und Projekte mit Günter Gstrein

EINZELAUSSTELLUNGEN / SOLO EXHIBITIONS

1988 Galerie Zeitkunst, Innsbruck
1992 Galerie im Andechshof, Innsbruck
1994 *BILLY die Kunstwundertüte*, Galerie der Stadt Kufstein

AUSSTELLUNGSBETEILIGUNGEN / GROUP EXHIBITIONS

1983 *Super Acht Filmfestival*, Innsbruck
1986 *Geist & Form*, Wien
1992 *Räume*, Fennerkaserne Innsbruck
Decouvertes, Grand Palais, Paris
Galerie Zeitkunst, Köln
1993 *Malerei 2000*, Hans Ulrich Kaspar-Haus, Wien
Gründung der Automatengalerie (...), Galerie für Miniaturen am Tiroler Landesmuseum, Innsbruck
Zielhaus Patscherkofel
BILLY – Dolmabace Sarayi, Istanbul
1994 *Automatengalerie (...)*, Kunsthalle Wien
x2clon, Schloß Büchsenhausen, Innsbruck
1995 *Automatengalerie (...)*, Kunsthalle Budapest
Pointen, Innsbruck; Umhausen
1996 *Interieur*, Galerie Menotti, Baden
Salz und Wasser, Kunsthalle Tirol, Hall
Zeitschnitte, Kunsthalle Innsbruck

Christian Hutzinger

geboren 1966 in Wien / born 1966 in Vienna
lebt und arbeitet in Wien / lives and works in Vienna

Studium der Malerei an der Hochschule für angewandte Kunst in Wien bei Prof. A. Frohner

1996 Krakau-Stipendium des Bundesministeriums für Wissenschaft, Forschung und Kunst

EINZELAUSSTELLUNGEN / SOLO EXHIBITIONS

1989 *Kücheninstallation*, Hochschule für angewandte Kunst, Wien
1992 *Collagen*, Galerie A4, Wels
Arbeiten auf Papier, Galerie Eboran, Salzburg
Collagen, Galerie in der Artothek, Wien
1993 *Wandmalerei*, Galerie Resa Hutzinger, Wien
Installationen, Galerie Eboran, Salzburg
1994 *Mein Zimmer*, Galerie Resa Hutzinger, Wien
Arbeiten auf Papier 1973–1993, Spitzvilla, Traunkirchen am Traunsee
1995 *innereien* (mit Judith Fischer), Art Club, Wien
Mein Haus, Kunsthaus, Mürzzuschlag
Wandmalerei, Galerie Eboran, Salzburg
1996 *drei*, Kommunikationsbüro, Wien

AUSSTELLUNGSBETEILIGUNGEN / GROUP EXHIBITIONS

1989 *Junge Kunst aus Österreich*, Galerie Hilger, Frankfurt
1992 *Wandzeitung/Sentimental Journey*, museum in progress, MAK, Wien
Delicate & Brutal, steirischer herbst, Galerie Freiberger, Mürzzuschlag
1993 *Malerei 2000*, Hans Ulrich Kasper Haus, Wien
Reise zu den Quellen, museum in progress, Old Greenwich
paperworks – works on paper, Kunsthalle Exnergasse, Wien
Kreuz/Zeichen, Galerie Freiberger, Mürzzuschlag
1994 *Wandzeitung/Resa und Christian*, museum in progress, MAK, Wien
100 Umkleidekabinen, Bad zur Sonne, steirischer herbst, Graz
Fan City, Art Club, Wien
1995 *Mini Art Fair*, Art Club, Wien
event, Kunstraum, Wien

1992 *Wo kämen wir hin, wenn alle sagten, wo kämen wir hin, und keiner ginge, um zu sehen, wohin man käme, wenn man ginge*, Schau-Spiel, Ghetto Art Salon im TOI-Haus, Salzburg
1994 *Schaufensterausstellung*, Friseur „haaremacher", Salzburg
1994/95 *... und mit Doppelschlag, bitte*, Galerie 5020, Salzburg
1996 Galerie 5020, Salzburg
Kunstverein Salzburg

AUSSTELLUNGSBETEILIGUNGEN / GROUP EXHIBITIONS
1994/95 *Zwanzig Vitrinen – 150 Jahre Kunstverein Salzburg*, Kunstverein Salzburg
1995 *Kunst:Brauch*, Galerie 5020, Salzburg; Salle de Bal, Wien

BIBLIOGRAPHIE / BIBLIOGRAPHY
Mario Jandrokovic, *Arbeiten zum blinden Fleck zwischen Kunstwerk und Ware, Winterschlußverkauf in der Galerie 5020*, in: Salzburger Nachrichten, 17. 12. 1994, S. 9
Daniele Pabinger, *Ausstellung von Irene Kar in der Galerie 5020 / Das ist üppige Heimat*, in: Salzburger Volkszeitung, 27. 12. 1994, S. 21
Kunst: Brauch, Galerie 5020 (Hg.), Salzburg 1995

Michael Kienzer

geboren 1962 in Steyr / born 1962 in Steyr
lebt und arbeitet in Graz und Wien / lives and works in Graz and Vienna

1977–79 Kunstgewerbeschule in Graz, Bildhauerei bei Prof. Josef Pillhofer
1985 Förderungspreis des Landes Steiermark für zeitgenössische Kunst
1987–89 Bühnenbilder im Westfälischen Landestheater Castrop
1989 Förderungspreis des Landes Oberösterreich für bildende Kunst
1993 Hauptpreis beim österreichischen Grafikwettbewerb Innsbruck
Preis für bildende Kunst der Diözese Graz-Seckau

EINZELAUSSTELLUNGEN / SOLO EXHIBITIONS
1985 Galerie Peter Pakesch, Wien
1986 Galerie Figl, Linz
1987 Galerie Peter Pakesch, Wien
1988 *Mischverständnis* (mit K. Stattmann), Galerie Eugen Lendl, Graz
Inzest und Selbstverständlichkeit, Neue Galerie am Landesmuseum Joanneum, Graz
1991 *Interferenzen I*, Museum moderner Kunst Stiftung Ludwig Wien
Galerie Ruben Froni, Brüssel
1992 Jänner Galerie, Wien
Galerie MXM, Prag
1993 *Ex Kathedra*, Kärntner Landesgalerie, Burgkapelle, Klagenfurt
Kulturzentrum Wolkenstein, Stainach
1994 *Die Wärme der Institution*, Galerie Eugen Lendl, Graz
Korsage / Patchwork (mit Manfred Erjautz), Universität Graz; Kunsthaus Mürzzuschlag
1995 Kulturhaus Graz
Galerie K. u. E. Thoman, Innsbruck
Galeria Gerulata (mit G. Bretterbauer), Bratislava
1996 Galerie an der Brück (mit G. Bretterbauer), Lienz
Trabant Bar, Wien

AUSSTELLUNGSBETEILIGUNGEN / GROUP EXHIBITIONS
1984 Galerie Ring, Wien
Neue Wege des plastischen Gestaltens in Österreich, Neue Galerie am Landesmuseum Joanneum, Graz; Wiener Secession; Museum Bochum
1985 *Trigon*, Neue Galerie am Landesmuseum Joanneum, Graz
Töne-Gegentöne, Wiener Festwochen,
Raum annehmen, Galerie Grita Insam, Wien
Neue Kunst aus Österreich, Moderna Galerija, Ljubljana; Muzej Beograd
1986 *Zurück zur Farbe*, Budapest
Neue Wege des Plastischen in Österreich, Galerie Maerz, Linz
Die unbekannte Sammlung, Neue Galerie am Landesmuseum Joanneum, Graz
1987 *La sensualita ritrovata*, Scuola Grande di San Giovanni Evangelista, Venedig
Feszek Club, Budapest
Österreichisches College, Forum Alpbach
Broken Neon, steirischer herbst, Forum Stadtpark, Graz
Kleinplastik Biennale, Budapest
1988 *Wandlungen der Skulptur*, Neue Galerie am Landesmuseum Joanneum, Graz
Österreichischer Kunstsalon, Kulturhaus/ORF, Graz
Querfeldein I, Wiener Festwochen
A.E.I.O.U, Galerie Eugen Lendl, Graz
Skulpturen, Galerie Peter Pakesch, Wien
1989 *Öffentliche Skulpur in Alt-Erlaa*, Wien
Primär-Bildhauerei, Akademie, Graz; Galerie Griss, Graz
Aus Grazer Sammlungen, Grazer Kunstverein
Die Kunst 1989, Minoritenkirche, Krems/Stein; Niederösterreichisches Landesmuseum
1990 *Bureaux et Magasins*, Ostende
Vienne aujourd'hui, Musée de Toulon
Junge Kunst aus Oberösterreich, Oberösterreichisches Landesmuseum, Linz

1990	*Kunst der 80er Jahre*, Neue Galerie am Landesmuseum Joanneum, Graz
	Galerie Peter Pakesch, Wien
1991	*Junge Österreicher*, Österreichische Galerie im Oberen Belvedere, Wien
	Gullivers Reisen, Galerie Sophia Ungers, Köln
	Un Musée en Voyage, Musée d'Art Contemporain, Lyon
	Kunst – Europa, Hamburger Kunstverein, Deichtorhallen, Hamburg
	Junge Kunst aus Österreich, Galerie Rähnitzgasse, Dresden
	Galerie Eugen Lendl, Graz
	Junge Österreicher, Kunsthalle Szombathely
	Konfronation Torun 1991, Stiftung Tumult, Torun
	Sensualität. Sensibilität. Purismus, Festival de Paris, Paris
1992	*Transformation*, Neue Galerie am Landesmuseum Joanneum, Graz
	Objekt versus Raum, Villa Merkel, Stuttgart (Tournee)
	Plastik-Akut 3, Kärntner Landesgalerie, Klagenfurt
1993	*Ideas/Images/Identitades*, Centre cultural Tecla Sala, Barcelona
	Malerei 2000, Hans Ulrich Kaspar-Haus, Wien
	Vienne 93, Galerie Gerald Piltzer, Paris
	Galerie Knoll, Budapest
	Kunsthalle Exnergasse, Wien
	Minimal, Galerie Eugen Lendl, Graz
1994	*Internationale Grafikbiennale*, Zagreb
	Skulpturen im Park, Akademie Graz
	Lokalzeit – Wiener Material im Spiegel des Unbehagens, Raum Strohal, Wien; Museum moderner Kunst, Laibach; Fondazione Querini, Venedig
	Zum Bestand, Oberösterreichisches Landesmuseum, Linz
	Neue Galerie im Landesmuseum Joanneum, Graz
	Sampled Alreadymades, echoraum, Wien
	Objekt Text Bild, Landesgalerie am Oberösterreichischen Landesmuseum, Linz
1995	*La Prima Idea*, Galerie Eugen Lendl, Graz
	Kunsthalle Exnergasse, Wien
	Spiele, Galerie & Edition Artelier, Graz; Galerie im Taxispalais, Innsbruck
	In Memoriam W. Skreiner, Neue Galerie am Landesmuseum Joanneum, Graz

BIBLIOGRAPHIE (AUSWAHL) /
SELECTED BIBLIOGRAPHY

Wilfried Skreiner in: *Neue Wege des plastischen Gestaltens in Österreich*, steirischer herbst, Künstlerhaus und Neue Galerie, Graz, 1984

Wilfried Skreiner in: *Trigon 85*, steirischer herbst, Neue Galerie, Graz, 1985

Wilfried Skreiner in: *Neue Kunst aus Österreich*, Galerija grada Zagreba, 1985

Wilfried Skreiner in: *Zurück zur Farbe*, Budapest, 1986

Wilfried Skreiner in: *Die unbekannte Sammlung*, Neue Galerie Graz, 1986

Wilfried Skreiner in: *La sensualitá ritrovata*, Scuola Grande di San Giovanni Evangelista, Venedig, 1987

Wilfried Skreiner, Kleinplastik Biennale, Budapest, 1987

Wilfried Skreiner in: *Inzest und Selbstverständlichkeit*, Neue Galerie Graz, 1988

Otmar Rychlik in: *Vienne aujourd'hui*, Musée de Toulon, Toulon, 1990

Wilfried Skreiner in: *Kunst der 80er Jahre*, Neue Galerie Graz, 1990

Eva Badura, Elisabeth Schlebrügge in: *Interferenzen I*, Museum moderner Kunst, Wien, 1991

Elisabeth Schlebrügge in: *Kunst – Europa*, Hamburger Kunstverein, Deichtorhallen, Hamburg, 1991

Lóránd Hegyi in: *Sensualität, Sensibilität, Purismus*, Festival de Paris, 1991

Lóránd Hegyi in: *Surface radical: Positions individuelles*, Paris, 1992

Wilfried Skreiner in: *Transformationen*, Neue Galerie, Graz, 1992

Edwin Lachnit in: *Objekt versus Raum*, Villa Merkel, Stuttgart, 1992

Christian Krawagna in: *Plastik-Akut 3*, Kärtner Landesgalerie, Klagenfurt, 1992

Edwin Lachnit in: *Ideas/Imagenes/Identidades*, Centre cultural Tecla Sala, L'hospitalet, Barcelona, 1993

Denis Zacharopoulus in: *De la main à la Tête, l'objet theorique*, Domaine de Kerguehennec, Centre d'Art, 1993

Peter Assmann in: *Objekt Text Bild*, Landesgalerie am Oberösterreichischen Landesmuseum, Linz, 1994

Franz Niegelhell, Peter Weibel u.a. in: *Michael Kienzer, Zwischendurch*, Triton Verlag, Wien 1995

Sylvia Kranawetvogl

geboren 1968 in Salzburg / born 1968 in Salzburg
lebt und arbeitet in Berlin und Wien / lives and works in Berlin and Vienna

1988–90	Studium der Psychologie an der Universität Salzburg
1990–91	Studium der Malerei an der Hochschule für Musik und darstellende Kunst Mozarteum in Salzburg bei Peter Prandstetter
seit 1991	Studium an der Akademie der bildenden Künste in Wien bei Prof. Bruno Gironcoli
1994	Stipendium an der Sommerakademie in Salzburg, Fotoworkshop bei Nan Goldin und David Armstrong
1995	Stipendium an der Hochschule der Künste in Berlin bei Katharina Sieverding

EINZELAUSSTELLUNGEN / SOLO EXHIBITIONS

1993	Galerie 5020, Salzburg
	Galerie Steghof, Naturns, Bozen

1996 Raum 1/9, Wien
Galerie Cult, Wien

AUSSTELLUNGSBETEILIGUNGEN / GROUP EXHIBITIONS
1992 *Demnächst*, Galerie 5020, Salzburg
1994 *Werkstattquartier*, Akademie der bildenden Künste, Wien
1995 *München liegt am Meer*, Müllerstraße 16, München
Kunst:Brauch, Galerie 5020, Salzburg; Salle de Bal, Wien
Galerie im Traklhaus (mit Christian Makari), Salzburg

BIBLIOGRAPHIE / BIBLIOGRAPHY
Demnächst, Galerie 5020, Salzburg, 1992
Sylvia Kranawetvogl (Hg.), *Sylvia Kranawetvogl*, Salzburg 1993
Laszlo Molnar, *Emotionen um Liebe und Tod*, in: Salzburger Nachrichten, 3. 6. 1993
Kunst:Brauch, Galerie 5020, Salzburg 1995
Sylvia Kranawetvogl, pretending images, Galerie im Traklhaus, Salzburg 1995
Robert Wolf, *Photos, verwandt*, in: Salzburger Vokszeitung, 3. 11. 1995
Gottfried Goiginger, *Pretending Images / Sylvia Kranawetvogl in der Galerie im Traklhaus*, in: Ultimo – Die Zeitschrift von Akzente Salzburg für junge Leute, November/Dezember 1995, S. 25

Sigrid Langrehr

geboren 1968 in Salzburg / born 1968 in Salzburg
lebt und arbeitet in Salzburg / lives and works in Salzburg

1987–93 Studium an der Hochschule Mozarteum in Salzburg, Klasse Grafik und visuelle Medien bei Prof. Stejskal
1992 1. Preis für den Plakatentwurf der Salzburger Buchwoche
1994 Studium in Enschede, Klasse Medienkunst bei Rene Coelho und Trevor Batten
1995 Lehrauftrag an der Hochschule Mozarteum, Klasse Grafik / Fach Video

EINZELAUSSTELLUNGEN / SOLO EXHIBITIONS
1996/97 Galerie Eboran, Salzburg

AUSSTELLUNGSBETEILIGUNGEN / GROUP EXHIBITIONS
1993 *Serigrafien auf Glas und Porzellan*, Café Künstlerhaus, Salzburg
Serigrafien, Jahresausstellung, Künstlerhaus, Salzburg
1994 *Ostblick – Westblick*, Mozarteum, Salzburg
1995 *Jahresausstellung*, Künstlerhaus, Salzburg
1996 *Mother* (Video), Internationales Kurzfilmfestival, Hamburg

BIBLIOGRAPHIE / BIBLIOGRAPHY
Sigrid Langrehr (Kurzporträt), in: Salzburger Nachrichten, Jugendmagazin „Fritz“, Salzburg, Februar 1996

Hugo Markl

geboren 1964 in Pasadena, Kalifornien / born 1964 in Pasadena, California
lebt und arbeitet in London / lives and works in London

EINZELAUSSTELLUNGEN / SOLO EXHIBITIONS
1987 Hochschule für angewandte Kunst, Wien
1989 Pinx Galerie, Wien
1991 *Manum de tabula*, Shedhalle, Zürich
1993 Galerie Walcheturm, Zürich
1994 Centre d'Art Contemporain, Martigny
Galerie Walcheturm, Zürich
1996 *modern spiritual design*, Austrian Institute, London

AUSSTELLUNGSBETEILIGUNGEN / GROUP EXHIBITIONS
1988 *Drucke*, Galerie Knoll, Wien
Galerie Zeitkunst, Innsbruck
Akte der Beschreibung, Galerie Insam, Wien
1989 Museum des 21. Jahrhunderts, Wien
Junge Szene Wien, Wiener Secession
Aus der Nähe. Aus der Ferne, Galerie Zeitkunst, Innsbruck
Galerie Walcheturm, Zürich
1990 *Aus der Nähe. Aus der Ferne*, Galerie Zeitkunst, Innsbruck
Galerie Walcheturm, Zürich
1991 *stillstand switches*, Shedhalle, Zürich
Galerie Walcheturm, Zürich
1993 Centre d'Art Contemporain, Martigny
1994 *Passing Through*, Galerie Walcheturm, Zürich
Art Tirol, Galerie im Taxispalais, Innsbruck
Lokalzeit – Wiener Material im Spiegel des Unbehagens, Raum Strohal, Wien; Museum und Galerie moderner Kunst, Laibach; Fondazione Querini, Venedig
Eine Galerie stellt sich vor: Galerie Walcheturm, Zürich, Galerie im Taxispalais, Innsbruck
1995 *no face entertainment row*, Schaufensterinstallation, Galerie Walcheturm, Zürich
Superapologize 60 min., ACME studios for the artists, London
1996 Kunstankäufe des Landes Tirol, Galerie im Taxispalais, Innsbruck

Bele Marx

geboren 1968 in Salzburg / born 1968 in Salzburg
lebt und arbeitet in Paris und Wien / lives and works in Paris and Vienna

1986–92 Studium der Malerei an der Hochschule für angewandte Kunst in Wien bei Prof. Maria Lassnig
seit 1993 Studium der Fotografie an der Ecole des Arts Decoratifs in Paris

Assistentin an der Internationalen Sommerakamdemie für bildende Kunst in Salzburg von Konrad Winter und Anton Drioli (Workshop Grafik) 1989, Gerhard Rühm (Zeichnung und Collage) 1991, Jim Dine (Zeichnung) 1993 und 1994, Anne et Patrick Poirier 1995

seit 1993 auch als Fotografin in den Bereichen Reportage und Konzertfotografie tätig

PREISE / AWARDS
1991 Tiroler Grafikwettbewerb, Stipendium des Generalkonsulates der BRD
1995 Römerquelle Kunstwettbewerb
Sussmannstiftung

EINZELAUSSTELLUNGEN / SOLO EXHIBITIONS
1991 Galerie im Traklhaus, Salzburg
1992 Raum 1/9, Wien
1994 Galerie Thierry Masquelier, Paris
Galerie der Stadt Salzburg im Mirabellgarten
1995 Künstlerhaus Mousonturm, Frankfurt
1996 Galerie Eboran, Salzburg
Galerie Thierry Masquelier, Paris

AUSSTELLUNGSBETEILIGUNGEN / GROUP EXHIBITIONS
1989 *Meisterklasse Lassnig*, Heiligenkreuzerhof, Wien
Workshop Pordenone, Friaul
1990 *Salon de Jeune Peinture*, Grand Palais, Paris
1991 *Tiroler Grafikwettbewerb*, Wanderausstellung Österreich
1992 *Oktogon*, Städtische Galerie in der Rähnitzgasse, Dresden
1993 *Querschnitt*, Galerie im Traklhaus, Salzburg
1994 *1, 2, 3, ... 50*, Casino Salzburg
„Play the Game", Projekt initiiert von U. Tschabitzer und E. K. Bauer (in Zusammenarbeit mit Grita Insam im Rahmen des steirischen herbstes, Graz präsentiert)
1995 *Römerquelle Kunstwettbewerb*, Wanderausstellung Österreich

BIBLIOGRAPHIE / BIBLIOGRAPHY

Meisterklasse Maria Lassnig, Hochschule für angewandte Kunst (Hg.), Wien 1989
Workshop Internationale Pordenone 1989, Pordenone 1989
Laurent Boudier in: *Jeune Peinture '90*, Paris 1990
22. Österreichischer Grafikwettbewerb Innsbruck 1991, Innsbruck 1991
Barbara Wally (Hg.), *Salzburger Künstlerinnen in Salzburg*, Salzburg 1991
Galerie im Traklhaus, Amt der Salzburger Landesregierung (Hg.), Salzburg 1991
Oktogon, Kulturamt der Stadt Salzburg (Hg.), Dresden 1992
Dietgard Grimmer, in: *Querschnitt*, Amt der Salzburger Landesregierung, Salzburg 1992
Daniele Pabinger, *Kühe, ja, doch ganz anders*, in: Salzburger Volkszeitung, 12. 9. 1994
Dietgard Grimmer, in: *1,2,3, ... 50*, Amt der Salzburger Landesregierung (Hg.), Salzburg 1994
13. Römerquelle Kunstwettbewerb, in Zusammenarbeit mit den Bregenzer Festspielen, Römerquelle Ges.m.b.H. (Hg.), Wien 1995
Dorothee Baer-Bogenschütz, *Küßchen von Kuh zu Kuh*, in: Frankfurter Rundschau, 19. 10. 1995

Maja Vukoje

geboren 1969 in Düsseldorf / born 1969 in Düsseldorf
lebt und arbeitet in Wien / lives and works in Vienna

1986–88 Studium an der Mittelschule für industrielle Gestaltung in Belgrad
1988–94 Studium der Malerei an der Hochschule für angewandte Kunst in Wien bei Prof. Maria Lassnig und Prof. Christian Ludwig Attersee
Meisterklasse für experimentelles Gestalten
1991 Hauptrolle in „Ariadne auf Naxos, Dangl Studio, Wien
1992 Regie und Darstellung „Sahir Zacki's Revenge, 16 mm, Farbe, 18 min (mit Alexander Curtis)
1993 Auftritt mit der Theatergruppe Orpheum in „Walpurgisnacht"

EINZELAUSSTELLUNGEN / SOLO EXHIBITIONS
1995 Portfolio Kunst AG, Linz
1996 Galerie der Stadt Wels

AUSSTELLUNGSBETEILIGUNGEN / GROUP EXHIBITIONS
1992 Sargfabrik, Wien
1993 Kunstwerk, Wien
1994 *100 Umkleidekabinen*, steirischer herbst, Graz
1995 Galerie Maike Ose Thayse-Heyduck, Wuppertal

Barbara Wagner

geboren 1971 in Salzburg / born 1971 in Salzburg
lebt und arbeitet in Linz / lives and works in Linz

seit 1989 Studium an der Hochschule für künstlerische und industrielle Gestaltung in Linz
1994 Stipendium an der Hochschule der Künste in Berlin

EINZELAUSSTELLUNGEN / SOLO EXHIBITIONS
1996 *in absentia,* Galerie 5020, Salzburg

AUSSTELLUNGSBETEILIGUNGEN / GROUP EXHIBITIONS
1989 Malerwochen Hollersbach
1990 *One Night Exhibition*, ehem. Café Landgraf, Linz
1991 *In Front Of*, Kunst am Unigelände, Linz
1992 *Inszenierte Fotografie*, Galerie Maerz, Linz
Die Passage – Das Passagere, Arkade, Linz
1993 *Der Stand der Bilder*, ehem. Riesenederräume, Linz
1994 *Schweben und Stürzen*, Galerie Forum, Wels
Brechung, ehem. Riesenederräume, Linz
1995 *Verkleidung oder Bilder einer Oberfläche*, Hochschule für künstlerische und industrielle Gestaltung, Linz
Jahressausstellung, Künstlerhaus, Salzburg

BIBLIOGRAPHIE / BIBLIOGRAPHY
In Front Of, Kunst am Uni-Gelände, Johannes Kepler Universität, Linz 1991
Die Passage – Das Passagere, Wettbewerb der Studenten der Meisterklasse für Visuelle Gestaltung und der Meisterklasse Metall, Hochschule für industrielle und künstlerische Gestaltung Linz, Wien/Linz 1992
Johannes Wegerbauer (Hg.), *Inszenierte Fotografie, Dialog Malerei – Fotografie*, Galerie Maerz, Linz 1992
Der Stand der Bilder, Hochschule für industrielle und künstlerische Gestaltung Linz (Hg.), Linz 1993

Herwig Weiser

geboren 1969 in Innsbruck / born 1969 in Innsbruck
lebt und arbeitet in Köln / lives and works in Cologne

1990–91 Studium der Architektur an der Technischen Universität in Innsbruck
1992–94 Gerrit Rietveld Academie in Amsterdam
seit 1994 Kunsthochschule für Medien in Köln

EINZELAUSSTELLUNGEN / SOLO EXHIBITIONS
1994 Galerie im Andechshof, Innsbruck

AUSSTELLUNGSBETEILIGUNGEN / GROUP EXHIBITIONS
1994 Silo, Amsterdam
1995 Galerie 68elf, Köln
1996 Goethe Institut, Madrid
Stadthausgalerie, Münster

Ronda Zheng

(AUSSTELLUNGS)PROJEKTE / (EXHIBITION) PROJECTS
1993 *Vous m'avais oublié*, A Viennese Story, Wien
1994 *Saisoneröffnung*, Gredlerstraße 10/13, Wien
K.E.M.A., Kunsthalle Exnergasse, Wien
1995 *Concrete Vision*, Anarat Higutyun Mosatry School, Istanbul
Neulich bei Frau Novak, Trabant Bar, Wien
Desiring Authors Enveloping Myths, Bernard Toale Gallery, Boston
The Spring Project, Atelier im Augarten, Wien
Zum Nutzen der Teilnehmer, UKF Bundesländertournee, Galerie 5020, Salzburg

20228 – 0000042945
Ali Janka, Florian Reither, Tobias Urban

leben und arbeiten in Wien / live and work in Vienna

GEPLANTE PROJEKTE / PLANNED PROJECTS
Tunnel
Aus einer monetären, international extrem wichtigen Institution, oder irgendwo anders, wird von uns ein Tunnel in die richtige Richtung gegraben.
Raumüberlastung
Ein Raum wird tröpfchenweise mit Leitungswasser gefüllt bis der Boden oder die Wände wegbrechen.
Swimmingpool
In Wien oder Niederösterreich wird von uns auf einem uns zur Verfügung gestellten Gelände ein Swimmingpool ausgehoben. Zusätzlich wird es Light, Sex & Swound sowie einen 25 Meter hohen Sprungturm geben.
Franzensgassenumzug
Umzug der Mission Swound, Glaubensgemeinschaft für das Gute im Menschen, in einen größeren Raum mit extrem vielen Möglichkeiten, incl. Kapelle.
Fünf Herz Generator
Unterbewußte Manipulation von nicht ausgewählten Personen und zufällig Anwesenden.
Bierkistenburg
1 Million bunter Bierkisten werden auf dem Gelände einer Brauerei für eine extrem große, hohe und unglaublich beeindruckende Burg

verwendet. Es wird Musik von sehr hochwertiger Qualität gespielt.

Windwand

Erzeugung orkanartiger Stürme in einem kleinen Raum. Darin sollen hollywoodreife Stunts mit herumwirbelndem Trägermaterial stattfinden.

Blitzentladung

Erbauung eines 100 Mio Gigawatt Tesla Generators zur Funkenbildung zwischen zwei Gebäudekomplexen.

Hase

Häkeln eines gigantischen, gehäkelten flachen Hasen mit den Ausmaßen des Naschmarktes.

13a

Verlängerung des 13 a um eine im 20er Haus befindlichen Station.

Regulativer Eingriff

Abtragung des Großglockners auf 3790 Meter. Anschließende Flucht nach Genua auf Hüpfballons. Dies manifestiert zugleich den Auftakt zu einer globalen Landkartenregulation.

Judith Fischer

geboren 1967 in Hallstatt, schreibt und lebt in Wien
Studium der Philosophie und Kommunikationswissenschaft
ab 1988 Arbeit als Kunstkritikerin für österreichische Printmedien (u.a. *Der Standard)*
ab 1992 Kuratorin von Projekten (u.a. Delicate + Brutal '92, Wandzeitung '92–94 + RETURN/museum in progress
1992 Österreichisches Nachwuchsstipendium für Literatur
ANTHOLOGIEBEITRÄGE: *positionen,* Blattwerk 1994; *H.C. Artmann: Arbeiten meiner Studenten,* Passagen Verlag 1995; *konzept und poesie,* Blattwerk 1996
EINZELPUBLIKATIONEN: *innereien* (mit scherenschnitten von christian hutzinger), Blattwerk, Wien/Linz 1994
sch-notationen, Plakat-Edition 1996
seit 1996 Literaturreferentin des Forum Stadtpark, Graz

Rainer Fuchs

geboren 1959 in Judenburg
Studium der Kunstgeschichte und Geschichte in Graz
1987–90 Ausstellungsbetreuung in der Neuen Galerie Graz und im Grazer Kunstverein
ab 1991 Kurator und stellvertretender Direktor im Museum moderner Kunst Stiftung Ludwig Wien
Konzeption und organisatorische Betreuung von Ausstellungen zur Gegenwartskunst (u.a. *Exhibition, Self Construction)*
BUCHPUBLIKATION: *Apologie und Diffamierung des österreichischen Expressionismus, Begriffs- und Rezeptionsgeschichte österreichischer Malerei von 1908 bis 1938,* (Böhlau Verlag) Wien-Köln 1991
Publikationen zur Gegenwartskunst in Katalogen und Kunstzeitschriften

Franz Niegelhell

geboren 1966 in Graz
Studium der Germanistik und Kunstgeschichte
seit 1992 freier Kritiker und Kulturjournalist
Veröffentlichungen in diversen Kultur- und Kunstzeitschriften
seit 1995 Kulturredakteur der *Neuen Zeit* in Graz

Daniele Pabinger

geboren 1969 in Großarl
lebt in Salzburg
Studium der Publizistik und Kommunikationswissenschaft sowie Anglistik / Amerikanistik
seit 1992 freie Kulturjournalistin
seit 1995 freie Mitarbeiterin bei den *Salzburger Nachrichten*